本书为浙江省哲学社会科学发展规划领导小组课题"浙南木拱廊桥传承人口述实录"(项目编号:17NDJC038Z)成果

本书获浙江建设职业技术学院资助

中国书籍学术之光文库

木拱廊桥营造技艺
传承人口述实录

吴卓珈 | 著

中国书籍出版社
China Book Press

图书在版编目（CIP）数据

木拱廊桥营造技艺：传承人口述实录/吴卓珈著.
—北京：中国书籍出版社，2020.11
（中国书籍学术之光文库）
ISBN 978-7-5068-7727-5

Ⅰ.①木… Ⅱ.①吴… Ⅲ.①木桥—拱桥—建筑艺术
—中国 Ⅳ.①U448.22

中国版本图书馆 CIP 数据核字（2019）第 294331 号

木拱廊桥营造技艺——传承人口述实录

吴卓珈 著

责任编辑	宋 然
责任印制	孙马飞 马 芝
封面设计	中联华文
出版发行	中国书籍出版社
地 址	北京市丰台区三路居路 97 号（邮编：100073）
电 话	（010）52257143（总编室） （010）52257140（发行部）
电子邮箱	eo@chinabp.com.cn
经 销	全国新华书店
印 刷	三河市华东印刷有限公司
开 本	710 毫米×1000 毫米 1/16
字 数	170 千字
印 张	14.25
版 次	2020 年 11 月第 1 版 2020 年 11 月第 1 次印刷
书 号	ISBN 978-7-5068-7727-5
定 价	78.00 元

版权所有 翻印必究

序：说廊桥

古老清幽的廊桥之梦。

如烟如雾的江南细雨，一如水乡女子的目光如烟。

廊桥，是一个古老而神秘的梦幻。

与廊桥的接触也像一场清幽的梦境，模糊而又余味悠长。

中国乃至世界最美丽的虹桥。桥身朱红的溪东桥在新建的水泥平桥一边静静卧着，体制古朴。青瓦飞檐，轻盈地覆在桥身上，廊桥背后，是无数的浪漫遐想。

千年古树为证，百年廊桥为凭，那份浓情是否更加纯粹？

怀着对廊桥的热爱，我们跑遍了外省、浙南的许多廊桥，进行了图片的拍摄，同时，为当地政府进行了一些廊桥的测绘工作，开展了对于廊桥保护的研究与实践。为了对廊桥的保护及申遗出一点儿微薄之力，我们采访了相关廊桥传承人，写了这本书，以对当地政府有一些参考价值。

本书介绍了目前全国廊桥的分布及基本情况，中外廊桥的简单发展历史；对浙南的廊桥现状做了介绍，包括泰顺廊桥、景宁廊桥、庆元廊桥、龙泉廊桥、其他廊桥的分布概况；对传承人吴复勇、胡淼、曾家快、郑昌贵、赖永斌、郑多雄等进行了采访，并综合表达了他们廊桥技艺的过程、经历、感受、思想等。

廊桥的保护工作任重而道远……

吴卓珈　吴俊星　张涛　季海波

2019年4月于杭州

目 录
CONTENTS

第一章　廊桥发展 ··· **1**

第一节　廊桥概述　1

第二节　廊桥发展简史　6

第三节　廊桥分布　33

第二章　代表性传承人——吴复勇 ······················· **98**

第一节　大师简介　98

第二节　口述实录　110

第三节　代表作品　118

第三章　代表性传承人——胡淼 ····························· **122**

第一节　大师简介　122

第二节　口述实录　134

第三节　代表作品　142

第四章　代表性传承人——曾家快 ·· 163

第一节　大师简介　163

第二节　口述实录　168

第三节　代表作品　176

第五章　代表性传承人——郑昌贵 ·· 178

第一节　大师简介　178

第二节　口述实录　184

第三节　代表作品　190

第六章　代表性传承人——赖永斌 ·· 193

第一节　大师简介　193

第二节　口述实录　196

第三节　代表作品　202

第七章　代表性传承人——郑多雄 ·· 203

第一节　大师简介　203

第二节　口述实录　210

第三节　代表作品　217

第一章

廊桥发展

第一节 廊桥概述

廊,又称游廊,是起交通联系、连接景点作用的一种狭长的棚式建筑,它可长可短,可直可曲,随形而弯。园林中的廊是亭的延伸,是联系风景点建筑的纽带,随山就势,曲折迂回,逶迤蜿蜒。廊既能引导视角多变的导游交通路线,又可划分景区空间,丰富空间层次,增加景深,是中国园林建筑群体中的重要组成部分。

廊是上有屋顶,周无围蔽,下不居处,供人漫步行走的立体的路。廊与建筑的关系,是"庑出一步也"(《园冶》)。庑是建筑室内外的空间过渡与缓冲,庑出一步的廊,则是建筑空间的引申与延续。在造园艺术中,廊是园林规划组织空间的重要手段,它对游人的游览起着一种规定性的引导作用,是造园者把其创作意图强加给游人的行动路线,而这种无言的强制,要使游人在探奇寻幽中自觉地接受,方为成功之作。所谓"长廊一带回旋,在竖柱之初",是说廊的位置经营,必须在总体规划中精心构思。计成在《园冶》中说："廊基未立，地局先留，或余屋之前后，渐通林许，蹑山腰落水面，任高低曲折，自然断续蜿蜒，园林中不可少斯一断境界。"

廊被运用到园林中来以后，它的形式和设计手法更加丰富多彩。如果我们把整个园林作为一个"面"来看待，那么，亭、榭、厅、堂等建筑物在园林中就可视为"点"。园林中的廊、墙是"线"，通过这些"线"的联络，把各分散的点联系成为有机的整体，同时，廊又是一种把全园的空间划分成相互衬托、各具特色的景区的重要手段。它们与山石、植物、水面等相配合，也就是说，"点""线""面"的巧妙结合创造出多姿多彩的景观效果，使全园的结构和谐统一。

过去江浙一带私家园林中廊子宽度一般较窄，很少超过1.5m，高度也很矮。北京颐和园的长廊是属于宽的，达2.3m，廊的柱高2.5m。由于廊的构造和施工比较简单，在总体造型上就比其他建筑物有更大的自由度，它本身可长可短，可直可曲，既可建造于起伏较大的地上，也可置于平地或水面上，运用起来灵活多变。可以"随形而弯，依势而曲。或蟠山腰，或穷水际。通花渡壑，蜿蜒无尽"（《园冶》）。

一、桥概述

"桥，水梁也。从木，乔声。骈木为之者。独木者曰杠。"（《说文》）桥是一种架空的人造通道。由上部结构和下部结构两部分组成。上部结构包括桥身和桥面；下部结构包括桥墩、桥台和基础。建桥最主要的目的，就是为了解决跨水或者越谷的交通，以便于运输工具或行人在桥上畅通无阻。若从其最早或者最主要的功用来说，桥应该是专指跨水行空的道路。故《说文解字》段玉裁的注释为："梁之字，用木跨水，今之桥也。"说明桥的最初含义是指架木于水面上的通道，以后方有引伸为架于悬崖峭壁上的"栈道"和架于楼阁宫殿间的"飞阁"等天桥形式。现代的桥又在城市交通中发挥着重要作用，平地起桥（立交桥），贯通东西南北，不仅有助于缓解交通堵塞，还成为现代化城市一道亮丽的风景。桥具体说来大致有如下特点：

桥的不同地域性。我国土地辽阔，南北之间和东西之间的桥梁，受所在自然地理和人文社会的影响，因地制宜，都形成了各自相对独立的风格和特色。如北方中原地区，黄河流域，地势较为平坦，河流水域较少，人们运输物资多赖骡马大车或手推板车。因此，这里的桥梁多为宽坦雄伟的石拱桥和石梁桥，以便于船只从桥下通过；西北和西南地区，山高水激，谷深崖陡，难以砌筑桥墩，因此，多采用藤条、竹索、圆木等山区材料，建造绳索吊桥或伸臂式木梁桥；岭南闽粤沿海地区，盛产质地坚硬的花岗岩石，所以，石桥比比皆是；而云南少数民族地区，因竹材丰富，便到处可见别具一格的各式竹材桥梁。从桥梁的风格上看，北方的桥如同北方的人，显得粗犷朴实；南方的桥也如同南方的人，显得灵巧轻盈。当然，这跟自然地理也有极大关系，如北方的河流因水流量变化很大，又有山洪冰块冲击，故桥梁必须厚实稳重；而南方河流水势则较平缓，又要便于通航，故桥梁相对较纤细秀丽。

桥的多种多样性。我国是文明古国，地大物博，山河奇秀，南北地质地貌差异较大，因此对建桥的技术要求也高。大约在汉代时，桥梁的四种基本桥型梁桥、浮桥、索桥、拱桥便已全部产生了。这四种桥根据其建筑材料和构造形式的不同，又分别演化出：木桥、石桥、砖桥、竹桥、盐桥、冰桥、藤桥、铁桥、苇桥、石柱桥、石墩桥、漫水桥、伸臂式桥、廊桥、风雨桥、竹板桥、石板桥、开合式桥、溜索桥、三边形拱桥、尖拱桥、圆拱桥、连拱桥、实腹拱桥、坦拱桥、徒拱桥、虹桥、渠道桥、曲桥、纤道桥、十字桥，以及栈道、飞阁等等，几乎应有尽有，什么形式的古桥，在我国都能找到。

桥具有多功能性。我国古代的匠师建桥，很注意发挥桥梁的最大效益，既能考虑到因地制宜、一切从实用出发，又能考虑使桥梁尽量起到多功能的作用。如江南的拱桥多为两头平坦，中间高拱隆起，使之既产生造型上的弧线美，又利于行舟。而南方地区广见的廊式桥，则更充分反映了一桥多用的特点。南方雨多日照强，桥匠便在桥上修建廊屋，这不仅为过往行人提供了躲避风雨日照、便于歇息的场所，而且还增加了桥梁的自重，以免洪水把桥冲掉，并起到保护木梁、铁索不受风雨腐蚀的作用。特别是很多此类廊桥，因是人员过往要冲，故还利用它兼做集市、住宿和进行商业活动。如广东潮安县的湘子桥，这座桥全长五百余米，有着"一里长桥一里市"之称，桥中设一段可以开合的浮桥，以利通航，桥上建廊屋，楼后做集市，其间店面栉比，自晨至暮，熙熙攘攘，热闹非凡，以至不闻不见咆哮的潮水和宽阔的江面，故民间流传有"到了湘桥问湘桥"的笑话。

桥梁自产生始，便以属于民众共有的社会性出现。我国的传统建筑，一般为私有的，唯有桥梁，不管是官修还是私建的，都为社会所公有。查看史志，我国历来修桥建桥的方式，大概有四种：一是民建，即由一家一姓独立建桥；二是募捐集资，报经官府支持，协力兴建，此种最为多见，如著名的赵州桥、泉州洛阳桥等，都是用此方式建成的；三是官倡民修，由地方官倡导，士绅附和认捐，并指派官吏或商绅主持完成，此多属较大的桥梁；四是全由官府拨款施工兴建的。所以，我国古桥遍布各地，连穷乡僻壤也多建桥。其数量之多，分布之广，居世界首位。

二、廊桥的定义

所谓廊桥就是一种带顶的桥，这种桥不仅造型优美，最关键的是，它可在雨天里供行人歇脚。

加建亭廊的桥，称为亭桥或廊桥，可供游人遮阳避雨，又增加桥的形体变化。亭桥如杭州西湖三潭印月，在曲桥中段转角处设三角亭，巧妙地利用了转角空间，给游人以小憩之处；扬州瘦西湖的五亭桥，多孔交错，亭廊结合，形式别致。廊桥有的与两岸建筑或廊相连，如苏州拙政园"小飞虹"；有的独立设廊，如桂林七星岩前的花桥。苏州留园曲奚楼前的一座曲桥上，覆盖紫藤花架，成为风格别具的"绿廊桥"。

还有比如广西侗族建筑的代表——风雨桥，也叫风水桥。风水桥博取民间建筑之精华，集亭、台、楼、阁于一身，造型优美。整座廊桥从结构上看大致可分为三大部分：桥下部分是3排12个木柱形、青石垒砌而成的桥墩；中间部分为木质桥面，采用80根粗大、笔直的木柱作为悬、托、架等建筑支梁体系搭建而成，四周设有宽大、结实的木凳，可供游客休息、观看野鸭竞飞表演；桥的顶部采用榫铆连结，将亭、廊结为一体，分叉四个翘角，再用10层飞檐层层覆盖。无论是从远处还是近处观望，风雨桥线条流畅，层次分明，造型典雅，古朴，飘逸，犹如一把敞开的巨伞，是难得的建筑艺术佳品。

河南偃师二里头遗址中发现的大型宫殿和中小型宫殿有数十座，其中一、二号宫殿，从残留遗址判断，四周都有回廊相绕。由此可见，早期的廊出现在宫殿建筑的庭院布局中，作为一种连接交通和遮风避雨的建筑形式，其作用和意义相当于现在的棚。刘致平先生在《中国建筑类型及结构》一书中对廊的定义是：有顶的过道为廊。房屋前延伸出的可避风雨遮太阳的部分也为廊。可见，在前期，廊还不具备游廊的功能，其主要的作用在于交通和遮风避雨。而刘致平先生在《中国建筑类型及结构》一书中对游廊的定义是：普通走廊，①它的间数不定，主要是由此建筑达到彼处建筑之间的过道，宽约五六尺至十几尺，上有瓦顶覆盖，可以不怕落雨及日晒；②可以由走廊内向外眺；③廊柱间有坐凳栏杆可以休息；④在整个园林内也可以利用廊来区分成许多不同的区域而用廊来作掩映，廊柱枋内即可变为近景画框；⑤在廊本身形体上可以随地势高低上下左右曲折，或沿墙筑廊，或间有凸离墙面或曲折等，要看当地情况及需要判定；⑥也可以安门窗，在苏、杭一带常有在廊的一面做花墙，一面开敞的。花墙用粉墙，墙上有砖瓦斗砌的漏明窗，图案变化无穷，有许多美妙花样可资参考。（《中国建筑类型及结构》，第51页）可见，随着园林的兴起，廊作为园林风景建筑在游览观景方面的作用开始显现，并成为一个重要的园林建筑。现代造园中，廊的概念还扩展为花架廊（又名花架，绿廊，棚架）。

第二节　廊桥发展简史

廊桥的发展，是园林发展的历史，是社会发展的历史，是一个随着经济的发展逐渐实现更大跨度的实践过程。面临挑战和不断征服的同时，赋予了桥梁更多的形式美感，更多的实用功能，更多的精神意义。古代廊桥基于桥梁的基本功能，满足更多物质和精神需求，与社会经济、文化和科学技术的发展密不可分，与建筑的发展遥相呼应。从整个廊桥的发展历史来看，自然因素、经济技术、社会结构、文化观念这四个影响因素始终伴随着廊桥的产生和发展。

一、殷商、周至春秋战国时期以前：原始桥梁的产生与廊桥的雏形

作为游息生活景域的园林及建筑、桥梁的建造，需要付出相当的人力与物力。社会的生产力发展到一定的水平，有可能兴建以游息生活为内容的园林及园林桥梁。商是我国最早的形成国家政权机构的朝代，那时的象形文字甲骨文已有宫（溶）、室（因）、宅（积）、囿（腮）等字眼。其中的囿是从天然地域中截取的一块田地，在其内挖池筑台，狩猎游乐，是最古老朴素的园林形态。早期的园林多为种植果木菜蔬之地，或豢养禽兽之所，且为帝王所有，其教化的目的也较舒畅身心的目的大。对廊桥的发展来说，当原始桥梁发展到一定阶段的时候，廊桥的产生成为可能。祖先们从自然界中由于风蚀、雨刷、水冲和地质运动的影响而产生的桥中得到灵感，既而创造出最原始的桥梁。

由于在北方，在聚居地周围有用来排水和防御的围沟，宽约5~6米，这种宽度是先民们无法跨越的，其出入必须有桥。桥在这里成为平常连接部落内外的交通枢纽。在南方的余姚河姆渡遗址中，发现了在河洼地带的早期干阑式建筑的构件遗留，大量的木构梁柱榫卯，这充分说明当时有了建造桥梁的技术。可以推断当时的桥梁形制应该为有木柱或者无木柱的简支木梁结构。依此推断，廊桥的出现应该是中国南方早于中国北方。

这个时期是古桥的创始时期。此时的桥梁除原始的独木桥和汀步桥外，主要有梁桥和浮桥两种形式。当时由于生产力水平落后，多数只能建在地势平坦、河身不宽、水流平缓的地段，桥梁也只能是木梁式小

桥，技术问题较易解决。而在水面较宽、水流较急的河道上，则多采用浮桥。（见图1-1，图1-2）

从中国南北地区的实例来看，桥源自于最基本的生存意义上的空间需要，当遇到江河沟壑的时候或者遇到阻碍的时候，需要一个能方便向前的通道（就是一种向前或者向后的三维空间），这就是桥的空间原形。建筑的发展从某种意义上来讲是一个不断发展高度空间的过程。而桥梁的发展则是一个不断发展跨度空间的过程。

图1-1 原始桥梁——新昌外洞桥

桥和房屋一起诞生，都满足当时人类的某种需要，用相同材料建造，都受到当时的生产力与科学技术发展水平的限制，都只能产生出最原始的形态。但它们会随着社会的发展和生产力、科学技术的提高一起发展，

图1-2 原始桥梁——绍兴棠村木梁桥

相互影响。虽然各自已经有了最初的原形，但两者还是各自平行发展，还没有受到对方的影响。

虽然因为其产生所需的诸方面的因素还不具备，原始的廊桥还没有产生，但是先民对桥梁与建筑的思维方式和技术构造上有很强的相似性，我们无法将其割裂开。而廊桥正是桥梁建筑化的一个特殊的发展结果。廊桥正是桥与建筑两者的融合，在空间上追求跨度的同时又讲究高度的发展。木料容易得到，又容易加工，所以，古代造桥以木居多。重要的木桥多半位于历代都城和经济、军事要冲的道路上。

到了西周和春秋时代，桥梁已经褪去开始的原始形态，向复杂化发展，但不同于一般建筑的发展，需要满足功能、礼制（文化）等多方面的需求。桥梁的功能性，也就是在足够坚固的条件下，去实现更大的跨度来满足人们通行的需要，是桥梁发展初期的决定因素。廊桥的诞生正是在满足了人们最初的安全通行的需求下，发展成为在通行的同时，给人们提供一个可以遮蔽风雨的更加安全的空洞。最初诞生的成桥已经不像远古时代人们无意中建造的"桥尽"，而是桥梁和房屋的原始结合。

由于远古的廊桥现在都已不存在，只能从古籍当中查询当时的情况，来探寻廊桥的发端。汉许慎《说文解字》里载："梁，水桥也，从水，刅声"，"桥，水梁也，从木，乔声"。可见桥、梁是同义的。清段玉裁《段氏说文解字》中"梁"为"水阔者，必木与木相接，一其际也"。似乎为较宽水面上的多孔的简支木梁。春秋列国有关于廊桥的记载，例如《贾志》记载，陕西蓝桥在"县东南五十里蓝峪水上"。《史记·苏秦列传》："尾生与女子期于梁下，女子不来，水至不去，抱柱而死。"推测蓝桥应该是一座木梁结构的有柱廊桥。当时的梁桥应该有石梁桥和木梁桥两种，结构应为简支的梁柱。简支的木梁的跨度是非常有限的，由于还没有大量的铁器供石梁的开采、加工及搬运，石梁的技术还不成熟，跨度应该小于木梁，并且在水中的柱大多数也应该是木质的。这就造成在数十米以上的平缓河流中，就得设柱支撑。如果遇到较湍急、较宽广的河流，那就只能另想其他的办法。所以，在春秋时期梁桥只能是一个简易的、临时性的系统。大量的是简支木结构架桥。由于其临时性，桥极易被水流冲垮，再在桥上建廊就是一种浪费。完全无法达到保护桥面的功能。只有在那些水流平缓、年径流量变化不大的河流，建设重要的桥梁才会加盖廊道，遮挡风雨对桥梁的侵蚀，以防桥面和结构的木梁腐朽。这是廊桥形成的重要原因之一，也是后世木简支梁廊桥的最初原形。因此，最早形成的廊桥应该是木简支梁廊桥。（见图1-3）

图1-3 木简支梁廊桥——绍兴普济桥

二、春秋战国时代：木梁柱结构，木梁桥也从简支梁发展而建立了悬臂梁结构

春秋战国时代以孔孟为主流，宇宙人生的基本课题受到重视，人对自然的关系，由敬畏而逐渐转为敬爱，诸侯造园亦渐普遍。公元前221年，秦始皇灭六国完成了统一中国的事业，建都咸阳。他集全国物力、财力、人力将各诸侯国的建筑式样建于咸阳北陵之上，殿阁相届，形成规模宏大的宫苑建筑群，建筑风格与建筑技术的交流使建筑艺术水平空前提高。在渭河南岸建上林范，苑中以阿房宫为中心，加上许多离宫别馆，还在咸阳"作长池、引渭水，……筑土为蓬莱山"，把人工堆山引入园林。这些对于廊桥的发展起了一定的促进作用。

同期，冶炼技术提高，铁器在生产中大量运用，均田制的取消使土地可以相互之间买卖，提高了农业的生产力，为以后桥梁的发展打下了坚实的物质基础和社会基础，也为石料和木材的加工带来了便利、有效的工具，使得造桥的原料得到了丰富和发展，使社会和统治阶级能够养活更多的专门建桥的人员。

这时已经可以建造石质的简支梁桥，使桥的稳定性和耐久性有不同程度的提高。连续的简支梁桥可以跨越数十米的大河，如秦始皇所建复道就跨越了渭河。而这种耗费人力物力的巨大工程，往往建在重要的地点，如交通要道和皇家贵族的享乐之所，当然希望它使用得更加长久和舒适。这个时候的廊桥已经初显雄伟的气势，连贯数十米，临河飞渡。《史记·秦始皇本纪》记载到："……周驰为阁道，自殿下直抵南山，表南山之颠以为阙。为复道自阿房宫渡属之咸阳。……"虽有夸大之辞，但是复道在建筑群当中应该还是有运用的，并且技术已经比较成熟，可以完成比较大的跨度（跨渭水）。复道作为一种特殊的廊桥（见图1-4），只是桥梁运用到建筑群当中的一种特殊称谓。可以推断当时能完成这样跨度的桥架结构应该是发展得较成熟的木梁柱结构，图中可见的类似于拱的形制，应该是因为立柱的高矮不同形成的，桥面梁形成折边类似于拱状，而并非使用了真正的石拱和木拱结构。因为当时石拱的建造技术并不成熟，而木拱的结构问题还没有解决。

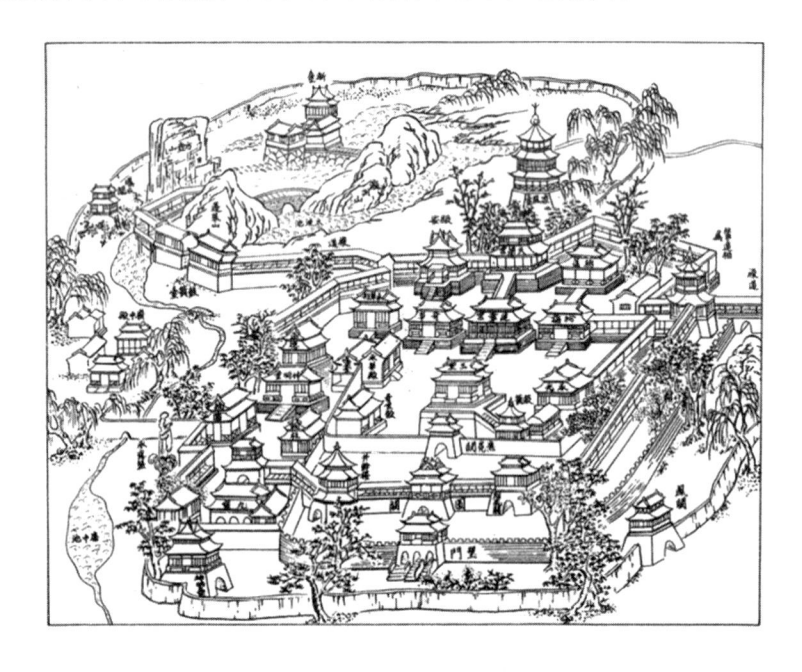

图1-4 汉建章宫中的复道

图片来源：《关中胜迹图志》

木梁桥也从简支梁发展建立了悬臂梁结构（或称作伸臂梁结构）（见图1-5，图1-6）。《沙洲记》："土谷浑于河上作桥。谓之河厉。长一百五十步，两岸累石作基陛，节节相次，大木纵横，更镇压两边。俱来相去三丈，并大材板横之。施勾栏。甚严饰。"这种被称作河厉的桥，就是记载最早的单向木伸臂桥。这种桥梁已经突破了原先在河中不立柱的情况下，简支梁所能达到的十几米跨度的极限，增加到30m左右。由于伸臂结构在受力上需要重物以帮助它达到平衡，而修建河厉的材料往往以木材为主，这就使得伸臂梁桥会遇到如木简支梁桥一样的木材易腐蚀的问题，上面加建桥屋成为一种功能与结构的必需。因此，廊桥必将随着这种初生的架桥技术而传遍四方。

图1-5　著名的木伸臂廊桥
　　　　——甘肃阴平桥

图1-6　人行伸臂木梁桥

建筑发展到这一阶段也出现了悬臂结构的代表构件——斗拱。虽然早期的形制还比较简单，但是已经普遍应用到各个建筑类型当中。现存的东汉石阙、崖墓和明器就是例证之一（见图1-7、图1-8）。斗拱的作用是减少跨梁，类似于河厉的伸臂梁，这两者是互通的。可以推断廊桥中也会运用斗拱来减少梁跨。

这一时期各种瓦和砖也大量运用在建筑上。战国的屋面已经开始使用青瓦，并且出现了方砖和空心砖，使得屋面的防水能力得到了提高。到西汉时期，古人已经学会利用砖石砌拱券和穹隆，势必引发拱结构的诞生。

图1-7 东汉石阙　　　　　　图1-8 明器

三、汉代：建筑中的穿斗式梁架也已成熟，具备较详细的榫卯搭接技术

公元前139年，汉武帝开始修复和扩建秦时的上林苑，"厂长三百里"，是规模极为宏大的皇家园林。苑中有苑，有宫，有观。其中还挖了许多池沼、河流，种植了各种奇花异木，豢养了珍禽奇兽供帝王观赏与狩猎，殿、堂、楼、阁、亭、廊、台、榭等园林建筑的各种类型的雏形都有具备。建章宫在汉长安西郊，是个苑囿性质的离宫，其中除了各式楼台建筑外，还有河流、山岗和宽阔的太液池，池中筑有蓬莱、方丈、瀛洲三岛。这种模拟海上神仙境界、在池中置岛的方法逐渐成为我国园林理水的基本模式之一。

汉代后期，私人造园逐渐兴起，人与自然的关系愈见亲密，私园中模拟自然成为风尚，尤其是袁广汉之茂陵园，是此时私人园林的代表。在这一时期的园林中，园林建筑为了取得更好的游息观赏的效果，在布局上已不拘泥于均齐对称的格局，而有错落变化，依势随形而筑。在建筑造型上，汉代由木构架形成的屋顶已具有庑殿、悬山、囤顶、攒尖和歇山这五种基本形式。

魏晋南北朝时期（220—589年），社会秩序黑暗，许多文人雅士为了逃避纷繁复杂的现实社会，于是就在名山大川中求超脱，找寄托，日益发现和陶醉在自然美好世界之中。加之当时盛行的玄言文学空虚乏味，因而人们把兴趣转向自然景物，山水游记作为一种文学样式逐渐兴起。另外，这一时期中国写意山水诗和山水画也开始出现。创作实践下的繁荣也促进了文艺理论的发展，像"心师造化"，"迁想妙得"，形似与神似，"以形写神"，以及"气韵生动"为首的"六法"等理论，都超越了绘画的范围，对园林艺术的创造也产生了深刻、长远的影响，文学艺术对自然山水的探求，促使了园林艺术的转变。首先，官僚士大夫们的审美趣味和美的理想开始转向自然风景山水花鸟的世界，自然山水成了他们居住、休息、游玩、观赏的现实生活中亲切依存的体形环境。他们期求保持、固定既得利益，把自己的庄园理想化、牧歌化，因此，私人园林开始兴盛、发展起来。他们隐逸野居，陶醉于山林田园，选择自然风景优美的地段，模拟自然景色，开池筑山，建造园林。同时，寺庙园林作为园林的一种独立类型开始在这一时期出现，主要是由于政治动荡，战争频繁，人民生活痛苦。自东汉初，佛教经西域传入中国，并得以广泛流传，佛寺广为修建，诗云"南朝四百八十寺，多少楼台烟雨中"。中国土生土长的道教形成于东汉晚期，南北朝时达到了早期高潮。东晋末年，就盛行文人与佛教徒交游的风气，他们出没于深山幽林、寺庙树台，加以祖国的锦绣山河壮丽如画，游踪所至，目有所见，情有所动，神有所思。在深山幽谷中建起梵刹，与佛教超尘脱俗、恬静无为的宗旨也很对路。与此同时，贵族士大夫为求超度入西天，也往往"舍身入寺"或"合宅为寺"，因此附属于住宅中的山水风景园林也就移植到佛寺中去了。于是，我国早期的寺庙园林便应运而生。

　　佛教传入我国，很快为我国文化所汲取、改造而"中国化"了。最初的佛寺就是按中国官署的建筑布局与结构方式建造的，因此，虽然是宗教建筑，却不具印度佛教的崇拜象征——窣堵坡那种瓶状的塔体及中世纪哥特教堂的那种神秘感，而成为中国人的传统审美观念所能接受的、与人们的正常生活有联系的、世俗化的建筑物。中国"佛寺的布局，在公元第四、第五世纪已经基本定型了"，"佛寺布局，采取了中国传统世俗建筑的院落式布局方法。一般地说，从山门（即寺院外面的正门）起，在一根南北轴线上，每隔一定距离就布置一座殿堂，周围用廊庑以及一些楼阁把它们围绕起来。这些殿堂的尺寸、规模，一般地是随同它们的重要性而逐步加深，往往到了第三或第四个殿堂才是庙寺的主要建筑——大雄殿"，这些殿堂和周围的廊庑楼阁等就把一座寺院划为层层深入、引人入胜的院落。（梁思成：《中国的佛教建筑》）这些寺庙为庶民提供了朝佛进香、逛庙游憩及交际场所，当时起到了一种公共建筑的作用。高耸的佛塔，不仅为登高远望，而且对城市及风景区的景观起到了重要的点缀作用，成为城市及景区视线的焦点和标志。

　　从北魏起，许多著名的寺庙、寺塔都选择在风景优美的名山兴建。原来优美的风景区，有了这些寺、塔人文景观的点染，更觉秀美、优雅，寺庙从虚无缥缈的神学转化成了现实。

　　游山逛庙，凡风景区必有庙，游览风景也就是逛庙。这种传统很有意思，它启发了无数诗人、画家的创作灵感，而诗人和画家的创作又从一个重要方面丰富了我国的文学艺术和园林艺术，丰富了我国人民的精神生活，至今对风景旅游事业的发展仍起着重大的推动作用。

魏晋南北朝不仅是中国古代社会发展历史上的一个重大转折点，而且也是中国园林艺术发展史上的一个转折点。私人园林的发展，寺观园林的兴起，园林规划上由粗放走向精致，由人为地截取自然的一个片段到有意识地在有限空间范围中概括、再现自然山水的美景，都标志着园林创作思想上的转变。

秦汉是我国建筑史上一个璀璨夺目的发展阶段，这时发明了人造建筑材料的砖，而且还创造了以砖石结构体系为主题的拱券结构。不仅如此，它的重大意义，还在于由此而使石拱桥应运而生。石拱桥的创建，在中国古代建桥史上无论是实用方面，还是经济、美观方面都起到了划时代的作用。石梁石拱桥的大发展，不仅减少了维修费用，延长了桥的使用时间，还提高了结构理论和施工技术的科学水平。因此，秦汉建筑石料的使用和拱券技术的出现，实际上是桥梁建筑史上的一次重大革命。故从一些文献和考古资料来看，约莫在东汉时，梁桥、浮桥、索桥和拱桥这四大基本桥型已全部形成。

到汉代，建筑中的穿斗式梁架也已成熟，汉朝由木构架结构所形成的屋顶有五种基本形式——庑殿、悬山、囤顶、攒尖和歇山，其中以庑殿、悬山两种屋顶形式用得比较广泛。歇山顶是由中央的悬山顶和周围的单庑顶组合而成。此外，汉朝还出现了由庑殿顶和庑檐组合发展而成的重檐屋顶。这将极大地丰富廊桥的外部形态和内部结构。

穿斗式架构（见图1-9、图1-10）不使用木梁，直接用木柱承檩（lǐn），檩上架椽（chuán）。构建穿斗式架构时，先确定屋顶所需檩数。然后，沿房屋进深方向依檩数立一排柱，每柱上架一檩，檩上布椽，屋面重量直接由檩传至柱，再传至地表支撑面。为保证多根立柱整体的稳定性，还使用了穿枋（fāng）和斗枋这两种构件。每排柱子靠穿透柱身的穿枋横向贯穿起来，形成一榀（pǐn）形构架。同时，每两榀构架之间以斗枋连接，形成一个稳定的空间构架。从形态上看，穿斗式架构中的穿枋与抬梁式架构中的木梁很相似，但两者功用却非常不同，木梁起承重作用，而穿枋只起固定作用。因不再使用粗大木梁，穿斗式构架中大木的用料较少。同时，建造时可先在地面上拼装成整榀屋架，然后竖立搭建，也方便施工。此外，较密的立柱也便于安装壁板和浇筑泥墙。因此，出现了大量穿斗式构架的民居建筑。

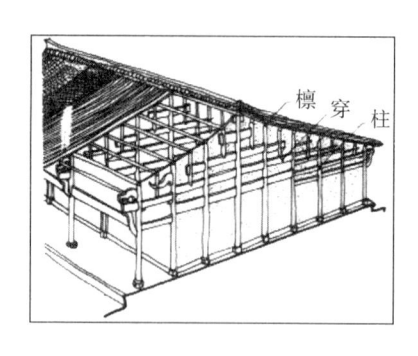

图1-9　穿斗式架构　　　　图1-10　廊桥内的穿斗式架构

战国时代榫卯技术（图1-11、图1-12）在建筑的运用已经相当成熟，可见当时木构架建筑的施工技术达到了相当熟练的水平。这使得建筑多层楼阁式建筑成为可能，而在汉代将此运用到桥梁上，会使得桥梁的结构技术和施工技术得到一个长足的进步。

这些成熟和正在发展的技术必将影响到廊桥的建造，可以从2003年年初在四川成都市西郊的苏坡乡金沙村金沙遗址发现的汉代木廊桥略见一二。（见图1-13）

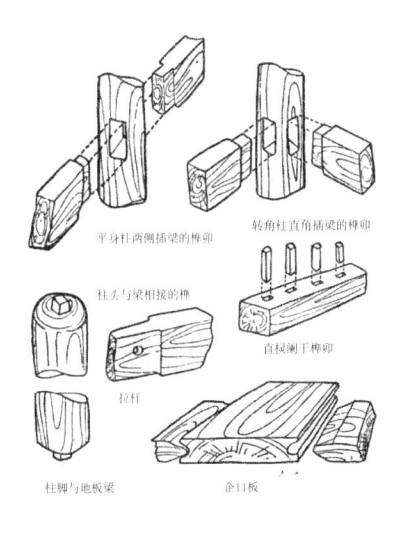

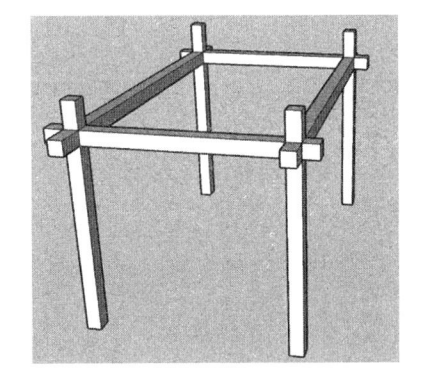

图 1-11　榫卯结构　　　　图 1-12　三通式榫卯结构

图 1-13　成都金沙遗址汉代廊桥全貌

这种木制结构的廊桥是汉代非常典型的建筑，此桥在民间又称"风雨桥"。据推测，桥最初建造于西汉，一直使用到魏晋南北朝时期。在此期间曾经过次数不多的维修，最终可能是毁于火灾。

这座古桥由桥台、桥桩、桥梁、桥面板和桥上部的廊房五部分构成。桥最宽的地方约8.8米，最窄的也达到了7米左右。整座桥不仅有桥面，桥上还有可以遮风挡雨的瓦当和板瓦。虽然因为年代久远已难看出原来壮观的全貌，但根据现存的桥墩及构造推测，此桥无论是建筑规模还是建筑技术，在当时都已达到相当高的水平。

明《陕西通志·西安府》记载了当时一座大型廊桥的形制：中渭桥在府城西北二十五里，本名横桥，又名三桥。秦始皇作离宫于渭南北，渭水贯都以象天，汉横桥南度以法牵牛，广六丈，南北二百八十步，六十八间，七百五十柱，二百二十二梁。

从汉代画像和汉代遗迹可以推断当时的廊桥已经具备较详细的榫卯搭接技术，但是斗拱技术还不够成熟，桥面及桥屋只是简单地搭接在桥身之上，桥柱与上部的桥屋的承重结构还没有明确的时位关系，之间的联系还不是很紧密，不能形成一个完整的桥梁系统。桥屋部分建筑的处理也较简单，在大量出土的汉代明器和画像中可以看出建筑有斗拱，斗拱只是一个承挑部件，没有成为整个建筑的关键，形式和结构都较简单。屋顶坡度较缓，形式也较单一。由于立柱不多，可以推断屋顶重量不会很大，大部分的屋顶用简易的轻质材料，只有

图1-14 此桥采用木建筑常用的榫卯结构（图中为湖南大学建筑学院副院长柳肃教授[右]趴在桥面上，观察寿隆桥的结构）

在较重要的廊桥会用瓦做铺装材料。整个秦汉时期的廊桥形态古朴大方，结构简易，不追求形式上的华美，而注重简单实用。

2009年6月14日，湖南省文物局考察团在江永县千年古村上甘棠村考察一座宋代石桥。此桥名为"寿隆桥"，与大多数石桥采用拱桥建筑方式不同的是，这座桥采用木建筑常用的榫卯结构，在中国南方地区实属罕见，对研究石桥建筑史具有重大实物价值。

四、隋、唐、宋：形成贯木拱的早期形制，木梁桥和伸臂梁桥的技术

隋朝统一乱局，官家的离宫苑囿规模大，尤其是隋炀帝在洛阳兴建的西苑，更是极尽奢靡华丽。《大业杂记》说："苑内造山为海，周十余里，水深数丈，其中有方丈、蓬莱、分在诸山，相去各三百步，山高出水百余尺，上有通真观、习灵台、总仙宫。风亭月观，皆以机成，或起或灭，若有神变，海北有龙鳞渠。屈曲周绕十六院入海。"可以看出，西苑是以大的湖面为中心，湖中仍沿袭汉代的海上神山布局。湖北以曲折的水渠环绕并分割了各有特色的十六小院，成为苑中之园。"其中有追逐亭，四面合成，结构之丽，冠以古今。"这种园中分成景区，建筑按景区形成独立的组团，组团之间以绿化及水面间隔的设计手法，已具有中国大型皇家园林布局基本构园的雏形。

唐是汉以后一个伟大的朝代，它揭开了我国古代历史上最为灿烂夺目的篇章。经百多年比较安定的政治局面和丰裕的社会经济生活，呈现出"升平盛世"的景象，经济的昌盛促进了文学艺术的繁荣，加上中外文化、艺术的大交流、大融合，突破传统，引进、汲取、创造、产生了文艺上所谓的"盛唐之音"。园林发展到唐代，汲取前代的营养，根植于现实的土壤而茁壮成长，开放出了夺目的奇葩。

　　唐代官僚士大夫的第宅、府署、别业中筑园很多。如白居易建于洛阳的履道坊第宅为"五亩之宅，十亩之园，有水一池，有竹千竿"，即是清静幽雅的私家园林。与此同时，唐代的皇家园林也有巨大的发展，如著名的离宫型皇家园林——华清宫，位于临潼县骊山北麓，距今西安约20千米，它以骊山脚下涌出的温泉作为建园的有利条件。据载，秦始皇时已在此建离宫，起名"骊山汤"，唐贞观十年（636年）又加营建，名为"温泉宫"；天宝六载（747年），定名"华清宫"。布局上以温泉之水为池，环山列宫室，形成一个宫城。建筑随山势之高低而错落修筑，山水结合，宫苑结合。此外，唐代的自然山水园也有所发展，如王维在蓝田筑的"辋川别业"，白居易在庐山建的草堂，都是在自然风景区中相地而筑，借四周景色略加人工建筑而成。由于写意山水画的发展，也开始把诗情画意写入园林。

　　唐朝活泼充满生机的风气传至宋朝。同时，随着山水画的发展，许多文人、画师不仅寓诗于山水画中，更建庭园，融诗情画意于园中。因此，形成了三维空间的自然山水园。例如北宋时期的大型皇家园林——艮岳，即是自然山水园的代表作品。艮岳位于宫城外，内城的东北隅，是当时一座大型的皇家园林，周围十多里，"冈连阜属，东西相望，前后相续，左山而右水，沿溪而傍陇，连绵而弥满，吞山怀谷。其东则高峰峙立，其下则植梅以万数，绿萼承跗，芬芳馥郁。结构山根，号绿萼华堂，又旁有承岚昆云之亭。有屋外方内圆，如半月，是名书馆。又有八仙馆……揽秀之轩，龙吟之堂"，"寿山嵯峨，两峰并峙，列嶂如屏，瀑布下入雁池"。（宋徽宗：《御制艮岳记》）由此可见，艮岳在造园上的一些新的特点：首先，把人们主观上的感情、把人们对自然美的认识及追求，比较自觉地移入了园林的创作之中，它已不像汉唐时期那样截取优美自然环境中的一个片段、一个领域，而是运用造园的种种手段，在有限的空间范围内表达出深邃的意境，把主观因素纳入艺术创作。其次，艮岳在创造以山水为主体的自然山水园景观效果方面，手法已十分灵活，多样。艮岳本来地势低洼，但通过筑山，模拟余杭之凤凰山，号曰万岁山，依山势主从配列，并"增筑岗阜"形成幽深的峪望，还运用大量从南方运来的太湖石"花石桩砌"。又"引江水"，"凿池沼"，再形成"沼中有洲"，洲上置亭，并把水"流注山间"造成曲折的水网、涧溪、河。艮岳在缀山理水上所创造的成就，是我国园林发展到一个新高度的重要标志，对后来的园林产生了深刻的影响。在园林建筑布局上，艮岳也是从风景环境的整体着眼，因景而设，这也与唐代宫苑有别。在主峰的顶端置介亭作为观景与控制园林的风景点；在山涧、水畔各具特色的环境中，分别按使用需要，布置了不同类型的园林建筑：依靠山岩而筑的有倚翠楼、清漸阁，在水边筑有胜筠庵、蹑云台、萧闲馆，在池沼的洲上花间安置有雍雍亭等。这些都显示了北宋山水宫苑的特殊风格，为元、明、清之自然山水式皇家园林的创作奠定了坚实的基础。

宋代园林建筑没有唐朝那种宏伟刚健的风格，但却更为秀丽、精巧，富于变化。建筑类型更加多样，如宫、殿、楼、阁、馆、轩、斋、室、台、榭、亭、廊等，按使用要求与造型需要合理选择。在建筑布局上更讲究因景而设，把人工美与自然美结合起来，按照人们的主观愿望，加工、编织成富有诗情画意的、多层次的体形环境。江南的园林建筑更密切地与当地的秀丽山水环境相结合，创造了许多因地制宜的设计手法。由于《木经》《营造法式》这两部建筑文献的出现，更推动了建筑技术及物件标准化水平的提高。宋代在我国历史上对古代文化传统起到了承前启后的作用，也是中国园林与园林建筑在理论与实践上走向更高水平发展的一个重要时期。

唐宋时期封建社会成熟，商业繁荣，沿街而市。桥梁的交通要冲地位使得桥市迅速在这一时期繁荣。桥也成为主要的休憩空间之一。

《龙游通驷桥记》："龙游县治东有桥曰通驷。宋淳祐期间，枢密马天骥所建。石其墩而棚以木，行者便焉。历年既久，风催雨蚀，木朽腐弗支，行者病焉。……王君命善工石卷而成之，空其中以醴水者十，其长以丈计者八十有奇。屋其上以间计者，五十有奇。始事于壬午之秋，落成于癸未之冬。由是往者相与歌于涂，来者相与忭于市。"这就是一段对宋时廊桥的生动的描述。

唐代白居易在《修香山寺记》中，说到"登寺桥一所，连桥廊七间"；宋代遗留下的画作中，也有廊桥的风貌。当时，廊桥还成了一些文人墨客聚会游乐的场所，类似的建筑还有亭桥、楼桥、阁桥、塔桥等，均是以桥和另一要素（廊、亭、楼、阁等）垂直叠加而成。各种桥梁的技术成就业已成熟，使得桥梁形制和结构趋于完善。廊桥的发展也进入了繁荣期。

石拱桥技术应该在两晋时期达到成熟，隋代著名匠人李春建造了著名的敞肩石拱桥——赵州桥。北宋蔡襄主持建成了桥的筏形基础，使得桥梁在水中置柱更加牢固。当两项技术结合可以在河中建造百米以上的联拱石拱桥，这是古代中国在坚固和耐用两方面解决超大跨度的最好办法。

桥身技术的发展，使得桥梁从一项临时性的构筑物——虽然建造者和使用者都希望桥梁能坚固长存，但早期的技术无法达到他们的要求——转变为可以存世长久的永久构筑物。桥梁可以给使用者更强的安全感，因此，廊桥发展到此时，结构功能已经弱化，而搭载的使用功能却呈现多样化的态势。从简单的通行歇息逐渐加入了游赏功能、商业功能、祭祀功能。

不同的功能必然要求桥面的建筑必须视需而变。斗拱已经成为桥屋的主要结构元素和装饰元素。桥面由斗拱形成平座，支撑上部的桥屋，类似于宋代对多层楼阁式建筑的处理方法。相似手法可在辽代的山西大同华严寺的廊桥中看到。桥屋的立柱和桥柱相对应，共同传导荷载，利于廊桥的整体稳定性。柱上再承托斗拱层和梁架。桥屋本身根据功能的需求，局部处理也有相应的变化。观景、祭祀的功能导致桥屋由简单的廊道发展成为殿阁。桥屋的屋顶处理也多变化，力求丰富，廊道与阁楼的采用不同的屋顶，不致形成单调的屋顶。用歇山顶并顺桥跨方向分别出两厦，以突出桥屋的入口空间。相似的手法在后世屡见不鲜。

这里想重点提到的是贯木拱桥的产生，此时木梁桥和伸臂梁桥的技术已经相当完善，但是两者都有一些弊病。比如木梁桥由于桥立柱过多会影响水流和船只的通过，但是它的跨度与木材的用量是成比例的，其木材的消耗量随跨度的增加而等倍增加。前者施工简单，但较易损毁，后者施工复杂，但较坚固。古人自然会想到将两者结合，既做到施工简单，耗材少，又能坚固耐用，同时能满足河道泄洪和行船的要求。古人想到了撑架拱，撑架拱是梁柱结构的一种变体，早期的撑架拱应该是将梁柱系统当中的垂直柱变成斜柱，末端搁置在容易立柱的地方，如岸边，形成斜撑。但是受木料长度的限制，这种木梁柱桥的变体并没有得到充分的发展，史书上也很少记载。此时重提，是因为它是一种耗材少、又不会在水中立柱但跨度较小的木梁柱结构变体，如果能和耗材大、跨度大并且也是水中不立柱的伸臂梁桥结合，岂不是可以取长补短，成为一种经济耐用的新桥梁结构。这种桥梁结构兼有撑架拱的结构特点和伸臂梁的结构特点，减少了耗材，增加了跨度。这正是贯木拱的早期形制。现在在土家族聚居区就可以找到这样的过渡型的桥梁结构。

现在大部分书籍在谈到贯木拱的产生时，都是以1957年文物出版社出版的唐寰澄先生所著的《中国古代桥梁》一书中有关贯木拱的一段文字说明为基础来解释的。贯木拱的产生是一个逐渐发展的过程，由上述的过程所产生的过渡桥梁结构，再经有智思的车卒的灵机一动的创造，其实，只能说是在原来基础上的一种完善，才可能出现汴京虹桥那样的结构。

在这个时期还出版了《营造法式》和喻皓的《木经》。古建筑的技术已经全面成熟。建筑材料包括土、石、砖、瓦、琉璃、木、竹、铜、铁、油漆、颜料的运用技术都已达到很成熟的阶段。这也是中国古建筑的顶峰阶段，桥的技术也是与建筑一样达到顶峰，后世未有突破。整个唐宋时期的廊桥形态秀美，结构明晰，形式与功能完美统一。

隋唐国力较之秦汉更为强盛，唐宋两代又取得了较长时间的安定统一，工商业、运输交通业以及科学技术水平等十分发达，是当时世界上最先进的国家。因此，这时创造出许多举世瞩目的桥梁，如隋代石匠李春首创的敞肩式石拱桥——赵州桥，北宋废卒发明的叠梁式木拱桥——虹桥，北宋创建的用筏形基础、植蛎固墩的泉州万安桥，南宋的石梁桥与开合式浮桥相结合的广东潮州的湘子桥等。这些桥在世界桥梁史上都享有盛誉，尤其是赵州桥，类似的桥在世界别的国家中，晚了七个世纪方才出现。综观中国桥梁史，几乎所有的重大发明和成就，以及能争世界第一的桥梁，都是此时创建的。

五、元明清时代：官式和民间建筑趋准化和定型化；开始大量兴建木拱廊桥

元朝时，士人多追求精神层次的境界，庭园成为其表现人格、抒发胸怀的场所，因此，庭园之中更重情趣，如倪瓒所凿之清閟阁、云林堂和其参与设计的狮子林均为很好的代表。

元朝在进行大规模都城的建设中，把壮丽的宫殿建筑与幽静的园林交织在一起，人工的神巧和自然景色交相辉映，形成了元大都的独特风格。在建筑形式上，先后在大都内建起伊斯兰教礼拜寺和西藏的喇嘛寺，给城市及风景区带来了新的建筑形象、装饰题材与手法。但由于连年战乱，经济停滞，民族矛盾深重，这个时期，除大都太液池、宫中禁苑的兴建外，其他园林建筑活动很少。木拱桥也被换成了石拱结构。廊桥逐渐从北方地区消失。中国的封建社会发展到这个时期，已经露出明显的疲态，缺乏了前朝的那种向上的动力。在明朝虽然出现了早期的商业意义上的资本主义萌芽，但是数千来的封建统治，早期使得中国的汉文化和社会飞速发展，到此时却成为主要的绊脚石，阻碍了社会的变革。相反，中国的体制和文化逐渐失去了活力，而走向了呆板和桎梏。俗文化和民间力量的崛起，自唐宋起，发展到元明清时候已经蔚为大观。

在民间建造石拱的技术已经得到很普遍的运用。

在清代颁布的《工程做法则例》说明当时的官式和民间建筑趋准化和定型化，已经少于更新。由于社会上下重农贵谷，崇尚保守，对工程技术的冷落，使得工程技术已是绝少创新。桥梁的发展也因此未见有新的技术产生，廊桥的建设只是沿用前朝的旧制，也再少有大型桥梁的建造，廊桥逐渐从北方地区消失。

北方地区由于长期的建筑施工的消耗，木材资源已经变得几近枯竭，所以，木结构的桥梁在北方几乎消失，廊桥的桥屋建设也不得不大为缩减。由于生态的破坏，再加之降雨本来就比较少，造成许多河流干涸，年降雨量和雨日偏少。桥屋的遮风避雨的功能大大减弱，廊桥的必要性也随之减弱。北方中原地区常遭战争和灾疫的影响，社会变动比较大，廊桥的建设没有了坚实的社会和经济基础。村落的公共空间发生了转移，廊桥以前所担任的集市、休憩、祭祀的公共生活功能找到了其他的建筑载体。石拱结构在北方的普及使桥屋在结构上所起的积极作用变成了增加桥梁荷载的消极因素。

正因为这些原因，廊桥只在北方极少的地区发现，大多是作为特殊功用的，如河北省井陉县苍岩山福庆寺的桥楼殿和山西省洪洞县广胜寺的分水亭桥就是作为寺庙建筑之一保留下来的。

南方地区的廊桥在重建和修复的时候也趋于将木结构改成石结构，尤其是以石拱替代为主。石拱结构的廊桥几乎都是在这个时期修建的。此时的建筑发展，大量的砖的运用，使得建筑的防水性能有进一步的提高，不仅在官式建筑当中用砖，大量的民间建筑也已使用瓦和砖。这一点表现在桥梁的发展上也很明显。桥屋为了其长久，以砖瓦为材料已经运用到桥屋的建造上。而砖在桥屋上的运用使桥屋的结构功能大为退化，廊桥已经完全作为一种特色建筑来对待了，而失去了前代那种桥梁与建筑融合的意味，显得呆板。

反而是那些并没有采用石拱这一先进的结构系统的廊桥，经过民间匠人的创造而产生了丰富的变化，因此能保留一定数量的廊桥到现在。

在明代270余年间，由于经济的恢复与发展，园林与园林建筑又重新得到了发展。北方与南方，都市、市集、风景区中的园林在继承唐、宋传统基础上都有不少新的创作，造园的技术水平也大大提高了，并且出现了系统总结造园经验的理论著作。清代的文化、建筑、园林基本上沿袭了明代的传统，在267年的发展历史中，把中国园林与中国建筑的创作推向了封建社会中的最后一个高峰。在全国范围内，园林数量之多、形式之丰富、风格之多样都是过去历代所不能比拟的。在造园艺术与技术方面也达到了十分纯熟的境地。中国园林与园林建筑作为一个独立的、完整的体系而确定了它应占有的世界地位。保留至今的中国古典园林、自然风景区、寺庙园林多数都是明、清时期创建的。

明清时期在廊桥与园林建筑方面的主要成就，概括起来主要表现在以下几个方面：

（1）在廊桥的数量和质量上大大超过了历史上的任何一个时期。

（2）明清时期，中国的园林与园林建筑在民族风格基础上依据地区的特点所逐步形成的地方特色日益鲜明，它们汇集了中国园林色彩斑斓、丰富多姿的面貌。在明清时期，中国园林的四大基本类型——皇家园林、私家园林、寺观园林、风景名胜园林都已发展到相当完备的程度，它们在总体布局、空间组织、建筑风格上都有其不同的特色。其中，以北京为中心的皇家园林，以长江中下游的苏州、扬州、杭州为中心的私家园林，以珠江三角洲为中心的岭南庭园都具有代表性。风景名胜园林与风景区的寺观园林则遍布祖国大江南北，其中四川、云南等西南地区，由于地理、气候及穿斗架建筑技术等方面的共同性，在园林建筑上也表现了明显的特色。

（3）明清时期还产生了一批造园方面的理论著作。我国有关古代园林的文献，在明清以前多数见于各种文史典籍、四论、名园记、地方志中，其中，以宋代的《洛阳名园记》《吴兴园林记》为代表。

到明清的时候，廊桥的发展经历了以下几个过程：

（1）简支木梁桥→（2）中间有支撑的木平梁桥→（3）两端设斜撑的木平梁桥→（4）向编木拱梁结构过渡的木拱桥→（5）浙南编木拱梁桥→（6）由编木拱梁结构向编木拱过渡的木桥→（7）编木拱桥（汴水虹桥）。

唐寰澄先生认为：浙南木拱廊桥是汴水虹桥的改进型桥式，是随着宋室南渡士工农商将造桥技术带到了浙南山区，再结合当地的木构技术逐步发展起来的。在浙南闽东山区共有虹桥结构的木拱桥86座左右，加上甘肃省渭源县的1座，再加上闽北武夷山地区的虹桥数量，中国现存虹桥结构总数当在100座左右。形形色色的木桥从其主体结构来看，大致呈现出有简有繁的状况，并且这种从简到繁是有许多中间层次，这会不会是这一地区木构桥梁在发展过程中各类桥式的一种孑遗现象。木桥的营造自古以来都属于工程技术的范畴，于是，作者想到工程技术由发生、发展到成熟的过程在历史上的发展遵循类似生物通过遗传和变异实现进化的规律。

汴水虹桥与浙南木拱廊桥的相同点在于汴水虹桥与浙南木拱廊桥都是全木构体系的桥梁，有相同的编木拱结构，这是它们最大的特点，也是能够被称为"虹桥"的必备特征。

然而，两者之间也有着较多的差异：汴水虹桥为纯粹的编木拱结构，而后者却是编木拱与木梁相结合的拱梁结构；汴水虹桥的编木拱在节点上使用北方常用的棕绳绑扎技术，而后者使用的是南方惯用的榫卯技术；汴水虹桥的木拱之上并不设廊屋，而后者的拱梁之上均设置翘角飞檐的青瓦木屋顶；汴水虹桥的拱形结构外形呈完整的弧形，而后者的拱梁结构外形却略似"八"字形；汴水虹桥的结构跨度在18米左右，而后者单跨跨越河道的宽度从9米左右一直到42米左右的范围均可，比较而言，后者适应河道的能力更强，跨越空间的能力更甚；汴水虹桥因为使用于地势平坦的中原地区，只用了编木拱一种结构体系，而后者是运用在浙南山区的大山密林之中，深沟高涧之上，除了拱梁体系外，还常常在靠近两岸的下部结构中运用了门式刚架，增强桥梁结构的受力性能，也能增大拱梁结构的跨度。（见图1-15）

图1-15　寿守仙宫桥

六、现代：现代高科技在廊桥中得到应用

中华人民共和国成立后，随着新材料及科技的发展，廊桥也被运用到很多园林城市建设中，有些还作为地标建筑作为城市中的建筑主角，除了外形具有创新性外，在功能上具有超前性和包容性。地标建筑承载的不仅是其建筑本身的文化内涵，还包括城市的历史文脉，例如成都安顺廊桥及上海美术馆的复原唐斗拱（见图1-16、图1-17、图1-18、图1-19）。

图 1-16　安顺廊桥（1）　　图 1-17　安顺廊桥（2）

图 1-18　成都合江亭　　图 1-19　上海美术馆的复原唐斗拱

成都安顺廊桥：安顺廊桥位于府南河交汇口南河上游135米处，横跨南河，桥跨主体长81米，宽23.6米，于1996年在原古安顺桥旧址基础上重建，是一座集历史、文化、商贸、餐饮、行人功能为一体的景观桥，取"天上鹊桥，地上廊桥"之意命名。在桥上可以观赏到以唐诗宋词为主题的大型浮雕，梯式水景及"桥上桥下共流水"的绮丽景观，亲临"廊桥相会"的爱情之旅。还有成都市唯一的桥上餐厅，餐厅装饰古香古色，别具风味，是夜观水色、怀古思今的绝好去处。

第三节 廊桥分布

一、福建省廊桥现状及分布情况

（一）主要分布地：福建的廊桥主要集中在泰顺、景宁、屏南、寿宁等两省交界地区。集中于闽北，占廊桥总数的85%，闽西大概占15%左右。

（二）自然与社会环境

概况及气候：福建地处祖国东南部、东海之滨，山地、丘陵占陆域的80%，气候温和，雨量充沛。年平均气温15.3℃～21.9℃，平均降雨量930～1843毫米，是全国雨量最丰富的省份之一。气候：由于地处亚热带沿海山地气候区，常会受到来自太平洋上季风的强烈影响，年降水量在1400～1800毫米左右。雨季集中在夏季，约占全年降雨量的40%，春季也是降雨较多的季节，约占全年降雨量的30%。而浙南闽北地区是我国最湿润的地区之一，5、6月份最湿，而10、11月较干。

地形及河流：境内峰岭耸峙，丘陵连绵，河谷、盆地穿插其间，山地、丘陵占全省总面积的80%以上，素有"八山一水一分田"之称。地势总体上西北高，东南低，横断面略呈马鞍形。福建与浙江交界的地区为山地地形，主要山脉一般海拔都在1000米左右，基本上都是循构造线呈东北走向。西边靠近江西附近是武夷山脉，境内有洞宫山、南雁荡，山间有许多谷地，许多是因为河流带来的泥沙在河流拐弯处因为流速较缓沉积下来，形成的较平坦的谷地和小盆地。

该地区有一条从西向东直接流入东海的河流，是闽北的闽江水系。在两条河流冲积成的平原之间是山地，中间以仙霞岭为界，福建境内的河流沿北向南流注入闽江。境内河流密布，水利资源丰富。全省拥有29个水系，663条河流，内河长度达13569千米，河网密度居华东之首。

民族：福建是个多民族聚居的地方，除汉族外，少数民族分布很广，历史悠久。福建的民族共有54个，汉族人口居多；在少数民族人口中，畲族最多，达35万人左右，占全国畲族人口的一半以上。全省少数民族主要分布在宁德地区，其次为福州市，再次为泉州市，其中上万人口的县市有福安、霞浦、福鼎、漳浦、蕉城、罗源、晋江、惠安、连江等。

地貌及旅游资源：闽西大山带以武夷山脉为主体，长约530千米，宽度不一，最宽处达百余千米。山间盆地和河谷盆地中有红色砂岩和石灰岩分布，构成瑰丽的丹霞地貌和独特的喀斯特地貌景观。全省人文荟萃，凝聚世界华人的湄州妈祖朝圣文化，山村民居建筑福建土楼，著名的革命圣地上杭古田会址，是著名的老区、苏区，闽西、闽东等是重要的革命根据地。

林业：本地区处于长绿阔叶林地带，加上适宜生长的红壤和黄壤，在高山之间、人迹罕至的地方还保留有一部分原始森林，其他地区由于人的生产活动，原生林变为次生林，主要以杉木、樟木和竹林为主。

社会环境：自南宋末年起，这一地区开始频繁受到或是战乱或是倭寇的袭扰，人口锐减，直至清中叶以后才有所恢复。由于这里群山阻隔，溪涧纵横，本地区老百姓主要以自给自足的农业经济为主，商品经济并不发达。以耕种山脚溪畔的梯田种植水稻为主要的农业生产，有一些村落逐渐适应发展成为山民交换劳动产品的市集,还有一些村落从事专业生产,如木工、铁匠、石匠专业村。

相对较封闭的环境造成强烈的宗族观念和略为保守的心态,淳朴自然,追求宁静的耕读生活,就是产生闽北浙南廊桥的社会环境。

(三) 廊桥的风格特点综述

1. 廊桥分布地的民族:主要为汉民族所建。集中于闽北及闽西。

2. 建设年代:在福建的廊桥里面,建于宋代的占了25%左右,明代占了12%,清代占了63%。

3. 风格及文化艺术特点

廊桥中,主要为贯木拱,占了61%;木伸臂占了30%左右,其他为石拱廊桥。最长的桥为屏南的万安桥,长为96.6米,桥上有六个孔洞,每孔跨15米左右。屏南的劝农桥最短,桥长16米。由于自然因素的影响本地区的廊桥大多建在山谷的村落和古道旁,建在村落中的往往与两岸的沿河道路垂直,起联系两岸的作用,为典型的联系型廊桥,建在古道和村落口的廊桥往往道路直接从廊桥穿过,为典型的通过型廊桥。

该地区的廊桥桥屋屋面平缓,出檐深远,多为歇山,屋角一般高高翘起,形成反宇。屋面多铺青瓦,不用滴水。桥屋部分多用穿斗式和抬梁式的混合梁架,四柱七檩,形制类似于前面所述的北涧桥和东溪桥。在山谷溪涧处的廊桥桥面不起拱,桥屋屋脊平直,而位于盆地的廊桥由于结构所致,桥面起拱,桥屋也随之成为曲线屋脊。

桥跨结构部分以贯木拱最有特点,在与外界交往频繁的地区还有石拱,还有大量的木伸臂梁结构。木结构为了桥跨部分免受风雨滋扰,保证廊桥的长久安全,多在桥跨侧面设鱼鳞板以挡风雨。

当廊桥担负有祭祀功能时，会修建重檐屋顶，下部廊道空间会加建神龛，以供行人祭拜。祭拜对象有佛教的观世音菩萨，有义薄云天的关帝，有给读书人带来好运的文昌君，有帮人发家致富的财神，也有当地的地方神如陈十四夫人、马仙姑等。如没有祭祀功能的廊桥，一般不设重檐，桥屋装饰也较为简单。桥屋间数多为奇数，少有偶数开间。

廊桥受损的主要原因：台风带来的降水，常常是爆发式的，在很短的时间内有一个强降雨过程，造成山洪暴发，河水猛涨。这也常常成为廊桥的灭顶之灾。因此，本地区的廊桥是屡损屡修，现今存留的大多建于清代。但是追溯最早的廊桥是朝天桥和石平桥，建于宋代。闽北廊桥的贯木拱除了单拱还有连拱，在装饰方面较简单。

廊桥实例：31 座（见图）

（1）名称：花桥（沉字桥）

时代：清乾隆四十三年（1778 年）重建

省市：福建省

民族：汉族

位置：闽宁德

孔数：单

结构类型：石拱

桥的主要参数：桥长 36 米，宽 3.5 米

概况：沉字桥，俗称"花桥"，位于梅鹤村境内，始建于北宋徽宗崇宁五年（1106 年），清乾隆四十三年（1778 年）改建，而改名为"花桥"，桥为石拱形，木质结构，长达 36 米，宽 3.5 米。传朱熹过此地，曾在花桥的梁上提写对联。

（1）花桥

（2）名称：岭兜桥

时代：清同治十二年（1873年）重建

省市：福建省

民族：汉族

位置：闽屏南

孔数：单

结构类型：石拱

桥屋：7间

（2）岭兜桥

桥的主要参数：桥长16.3米，宽4.5米

概况：岭兜桥位于闽浙古道的岭兜水尾，建于清乾隆十九年（1754年），水毁于咸丰七年（1857年）。

（3）名称：劝农桥

时代：清乾隆二年（1737年）重修，嘉庆十三年（1808年）重建

省市：福建省

民族：汉族

位置：闽屏南

（3）劝农桥

孔数：单

结构类型：石拱

桥屋：5间

桥的主要参数：桥长16米，宽4米，单孔跨7米

概况：位于屏南双溪镇双溪村东南北岩寺前，始建年代不祥。清乾隆二年（1737年）知县沈钟重修。该桥为石拱木屋廊桥，桥长16米，宽4米，单孔跨度7米，桥面以卵石铺设。据悉，当年知县沈钟每年春劝农于该桥，故名劝农桥。

（4）名称：回村桥

时代：清光绪年间重建

省市：福建省

民族：汉族

位置：闽屏南

孔数：单

结构类型：石拱

桥屋：5间

（4）回村桥

桥的主要参数：桥长26.1米，宽4.9米，单孔跨8.3米

概况：回村桥，始建年代不详，清光绪年间重建。是屏南县建设完工年代最晚的一座石拱木屋廊桥，被称为"末代廊桥"，桥拱以块石拱砌，桥面以卵石铺设。桥长26.1米，宽4.9米，单孔跨度8.3米，桥面至水面高度5.45米。桥屋建9开间40柱，九檩穿斗式构架，重檐翘角歇山顶，造型别致，古朴典雅，桥屋内横梁上题有多幅楹联。

（5）名称：迎恩桥

时代：清乾隆二年（1737年）重修

省市：福建省

民族：汉族

位置：闽屏南

孔数：单

结构类型：石拱

桥屋：9间

桥的主要参数：桥长20米，宽4米，单孔跨度12米

（5）迎恩桥

概况：位于屏南县旧县城双溪镇南，始建年代不祥。清乾隆二年（1737年）重修，竣工之日适有恩召至，知县沈钟将其名更为迎恩桥。该桥为石拱木屋廊桥，桥面以卵石铺设。

（6）名称：青龙桥

时代：宋初建，明成化元年（1465年）重建

省市：福建省

民族：汉族

位置：闽仙游

孔数：5

结构类型：石拱

桥屋：34间

（6）青龙桥

桥的主要参数：桥长八十二丈，约260米

概况：青龙桥（金凤桥），位于鲤南镇下楼村。南宋嘉定年间（1208—1224年），由致仕返乡的清源郡侯陈傥命尚守静募捐创建，初名安利桥。桥有15个墩，桥面原有长亭覆盖，两侧均有小栏杆。明永乐年间被火焚毁。明成化元年（1465年）十一月，由郑纪、柯添、陈

俊明、茅宏赞等 36 人募资重建。历经七年竣工，先后改名为卧龙桥、青龙桥、起龙桥。明万历二十年（1592 年），知县周铎在原址数丈处重建，改名登赢桥。明天启二年（1622 年），知县肖宏鲁增建一桥，东名金凤桥，南为青龙桥。明崇祯间，金凤桥被泥沙堵塞。清雍正八年（1730 年），由绅士徐万安兄弟重建。

（7）名称：朝天桥

时代：宋绍兴中（1131—1162 年）重建

省市：福建省

民族：汉族

位置：闽古田

孔数：5

结构类型：木伸臂

桥屋：17 间

(7) 朝天桥

概况：朝天桥在旧县治正南门外，旧名濯锦南桥，以建阳出美锦，故号小西川，而桥名濯锦。宋绍兴间重建，酾水为十三道，叠石为址，高五丈，而梁其上，仍构屋 73 间覆之，横跨双溪之上。明永乐十四年（1416 年）圮于水。十七年（1419 年），县丞赵璧重建。天顺六年（1462 年）火，监察御史顾俨檄府同知李钺募众复建。

（8）名称：五福桥

时代：明永乐九年始建（1411 年），清光绪二十九年（1903 年）重建

省市：福建省

民族：汉族

位置：闽松溪

孔数：4

结构类型：木伸臂

桥屋：36 间

桥的主要参数：桥长 108 米，宽 5.2 米，高 12 米

概况：五福桥又称八岭桥，

(8) 五福桥

桥长 108 米，宽 5.2 米，高 12 米，东西走向，横跨渭田溪。五福桥始建于明永乐九年（1411 年），至今已有 600 多年的历史，虽几经兴废，仍保留原有风貌，是闽东北保存完好的最长的厝桥。

（9）名称：公心桥

时代：清嘉庆十一年（1806 年）始建，民国二十四年（1935 年）重建

省市：福建省

民族：汉族

位置：闽古田

孔数：单

结构类型：贯木拱

桥屋：16 间

桥的主要参数：桥长 42 米，宽 5.85 米

(9) 公心桥

概况：位于古田县鹤塘镇田地村，清嘉庆十一年（1806 年）始建，1935 年重修，东西走向，贯木拱廊屋桥。桥长 42 米，宽 5.85 米，单孔，拱跨 32.8 米。两端直接架在两岸岩石上。桥屋 16 间，64 柱，桥面

呈弧形，铺以青砖，两桥头以石阶向下，东端61阶，西端111阶。桥屋梁上刻有重修日期和建桥木匠的名字。原国民政府主席林森曾为该桥题名"公心桥"。2005年5月公布为福建省文物保护单位。2006年5月公布为第六批全国重点文物保护单位。

（10）名称：溪里桥

时代：1970年重建

省市：福建省

民族：汉族

位置：闽屏南

孔数：单

结构类型：贯木拱

桥屋：11间

（10）溪里桥

桥的主要参数：桥长37.8米，宽4.3米，单孔跨20米

概况：溪里桥位于屏南县熙岭乡溪里村水尾，始建年代不详，清初重建，后于1970年1月重建，桥长37.8米，宽4.3米，单孔跨度20米，桥面至水面高度7.8米。桥屋建11开间48柱，九檩穿斗式构架，双坡顶。桥中设神龛，祀观音。桥两岸古树参天，桥下碧水长流，生态环境保护良好。桥两端各有一株红豆杉，大的一株胸径达一米多，树龄在百年以上。

（11）名称：惠风桥

时代：始建于清康熙年间，民国三十年（1941年）重建

省市：福建省

民族：汉族

位置：闽屏南

孔数：单

结构类型：贯木拱

桥屋：8间

桥的主要参数：桥长32.2米，宽4.5米，单孔跨23.5米

概况：惠风桥又名黄宅桥、泮地桥，位于屏南县黛溪镇泮地村至康里村的古道中。桥为

(11) 惠风桥

东南—西北走向，清康熙年间由僧熙春、郑茂老倡建，民国三十年（1941年）重建，1998年6月重修。桥长32.2米，宽4.5米，单孔跨度23.5米，桥面至水面高度12米。桥块块石砌筑，桥面以杉木为梁，上铺厚木板。桥屋为11开间48柱，九檩穿斗式构架，双坡顶。桥中设神龛，祀观音。重建时木匠为陈昌排、张鹤昶；石匠为郑邦意；择日为郑瑞气。桥两岸地势陡峭，河中急流险滩，把桥衬托得更加雄伟。

(12) 名称：樟口桥

时代：清咸丰五年（1855年）重修

省市：福建省

民族：汉族

位置：闽屏南

孔数：单

结构类型：贯木拱

桥屋：11间

(12) 樟口桥

桥的主要参数：桥长26米，宽3.8米，单孔跨18.5米

概况：樟口桥位于樟源村水尾，属古木拱廊桥，始建年代不详，清咸丰五年（1855年）重修。

（13）名称：龙井桥

时代：始建于宋，清嘉庆二十五年（1820年）重建

省市：福建省

民族：汉族

位置：闽屏南

孔数：单

结构类型：贯木拱

桥屋：13间

桥的主要参数：桥长27.5米，宽4.9米，单孔跨22.2米

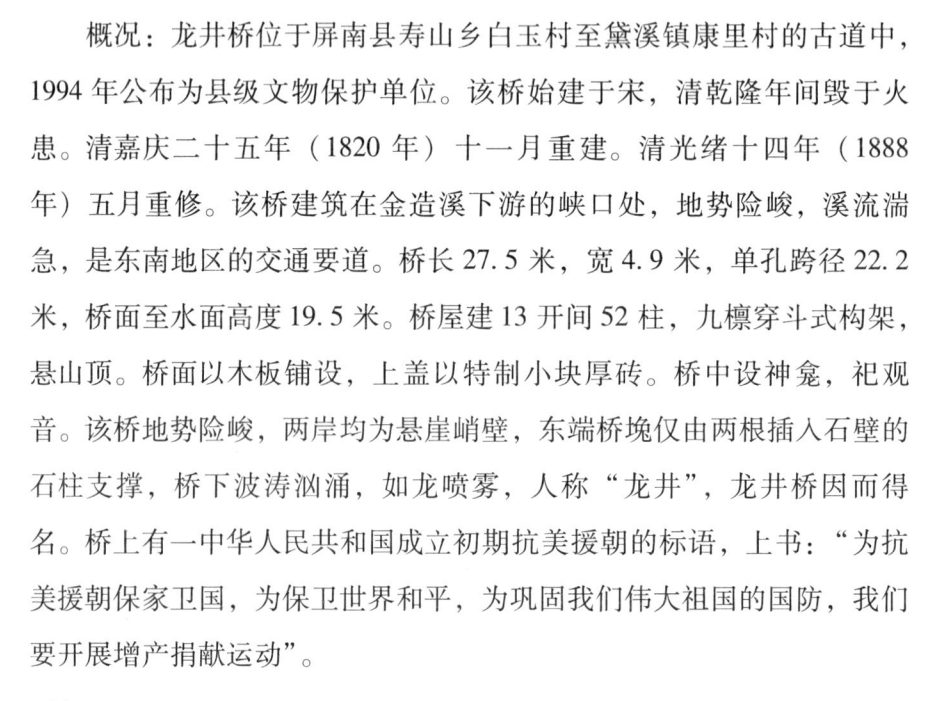

（13）龙井桥

概况：龙井桥位于屏南县寿山乡白玉村至黛溪镇康里村的古道中，1994年公布为县级文物保护单位。该桥始建于宋，清乾隆年间毁于火患。清嘉庆二十五年（1820年）十一月重建。清光绪十四年（1888年）五月重修。该桥建筑在金造溪下游的峡口处，地势险峻，溪流湍急，是东南地区的交通要道。桥长27.5米，宽4.9米，单孔跨径22.2米，桥面至水面高度19.5米。桥屋建13开间52柱，九檩穿斗式构架，悬山顶。桥面以木板铺设，上盖以特制小块厚砖。桥中设神龛，祀观音。该桥地势险峻，两岸均为悬崖峭壁，东端桥堍仅由两根插入石壁的石柱支撑，桥下波涛汹涌，如龙喷雾，人称"龙井"，龙井桥因而得名。桥上有一中华人民共和国成立初期抗美援朝的标语，上书："为抗美援朝保家卫国，为保卫世界和平，为巩固我们伟大祖国的国防，我们要开展增产捐献运动"。

(14) 名称：广利桥

时代：始建于宋，明正统年间重修，清乾隆三十九年（1774年）再次重修

省市：福建省

民族：汉族

位置：闽屏南

孔数：单

结构类型：贯木拱

桥屋：11间

(14) 广利桥

桥的主要参数：桥长30.5米，宽4.5米，单孔跨20.6米

概况：岭下乡广利桥又名花桥，位于岭下村村南，该桥始建于宋，明正统年间重建，清乾隆三十九年（1774年）重修。桥长30.5米，宽4.5米，单孔跨度20.6米，桥面距水面高度7.3米，东南—西北走向。桥屋建11间48柱，桥面于1993年改铺水泥，中设神龛，祀真武帝。桥两岸有红豆杉、南洋铁杉、柳杉、水松等古树名木和一座千年古寺，环境十分幽雅。2005年公布为省级文物保护单位。

广利桥与广福桥均横跨于岭下溪上，两桥相距仅200多米，是闽东北和浙西南为数不多的姐妹桥之一。

(15) 名称：广福桥

时代：始建于元元统元年（1333年），清嘉庆十二年（1807年）重修

省市：福建省

民族：汉族

位置：闽屏南

孔数：单

结构类型：贯木拱

桥屋：12间

桥的主要参数：桥长32.5米，宽4.8米，单孔跨26米

概况：岭下乡广福桥又名溪源桥，位于岭下村村北，东南—西北走向，据文字记载，该桥始建于元代元统元年（1333年），清嘉庆十二年（1807年）重修，中华人民共和国成立后又经过三次维修，是屏南众多木拱桥中维护较好的一座木拱廊桥。桥长32.5米，宽4.8米，单孔跨度26米，桥面距水面高度10.5米。桥屋建11间48柱，双坡顶，屋中梁为重梁（双梁），以木梁代碑，有四根梁柱当碑柱，记载建桥过程及捐款人姓名。桥面于1995年铺水泥路，中设神龛，祀观音、五显灵官大帝。桥堍为毛石砌筑，桥两岸竹木葱茏，桥下碧波荡漾，风景秀丽。2005年公布为省级文物保护单位。

（15）广福桥

（16）名称：金造桥

时代：清嘉庆十三年（1808年）始建

省市：福建省

民族：汉族

位置：闽屏南

孔数：单

结构类型：贯木拱

（16）金造桥

桥屋：15 间

桥的主要参数：桥长 41.7 米，宽 4.8 米，单孔跨径 32.5 米

概况：福建屏南陆地村金造桥位于棠口乡祭头村金造自然村水尾，是屏南境内第三长木拱廊桥，2001 年公布为县级文物保护单位。清嘉庆十三年（1808 年）十月由贡生张永衢等人募建，1948 年孟夏重建。

（17）名称：百祥桥

时代：始建于宋，清咸丰二年（1852 年），光绪二十年（1894 年）重建

省市：福建省

民族：汉族

位置：闽屏南

孔数：单

结构类型：贯木拱

桥屋：15 间

桥的主要参数：桥长 38 米，宽 4.5 米

（17）百祥桥

概况：百祥桥始建于宋代，其位于崇山峻岭中，又跨于地势险要的大峡谷之间，被誉为"江南第一险"木拱廊桥。不幸的是 2006 年 6 月 27 日下午被烧毁，令人痛心疾首。

（18）名称：龙津桥

时代：始建于清初，清道光二十七年（1847 年）重修

省市：福建省

民族：汉族

位置：闽屏南

孔数：单

结构类型：贯木拱

桥屋：13间

桥的主要参数：桥长33.5米，宽4.5米，单孔跨23米

概况：龙津桥又名玉锁桥、溪尾桥，位于屏南县屏城乡后垄村水尾。桥为东西走向，始建于清初，清道光二十七年

(18) 龙津桥

(1847年) 由董事张芳等募建，为本县至今保护尚好的折线型木拱廊桥之一。桥长33.5米，宽4.5米，单孔跨度23米，桥面至水面高度12米。桥堍以块石砌筑，桥面以木板横铺，上以卵石铺砌。桥屋建13开间56柱，九檩穿斗式构架，悬山顶。桥东有碑记和夫人庙，神龛坐南，祀五显大帝。

(19) 名称：万安桥

时代：始建于南宋绍定元年（1228年）

省市：福建省

民族：汉族

位置：闽屏南

孔数：6

(19) 万安桥

结构类型：贯木拱

桥屋：36间

桥的主要参数：桥长98.2米，每孔跨15米

概况：万安桥位于福建屏南县，俗称长桥，始建于南宋，后多次重建整修。桥共五墩六孔，全长98.2米，面宽4.7米，高8.5米。桥墩石砌，前尖后方，呈半船形，墩上架构木梁，虹梁式结构。桥面廊屋，单檐悬山顶，穿斗木构架，共36间。为福建现存最长的石墩木梁多跨廊屋桥。

（20）名称：横溪桥（升平桥）

时代：明天顺元年（1457年）始建，清乾隆四十三年（1778年）重建

省市：福建省

民族：汉族

位置：闽寿宁

孔数：单

结构类型：贯木拱

桥屋：11间

桥的主要参数：桥长25.5米，宽5.6米

（20）横溪桥

概况：升平桥，位于鳌阳镇东门（日升门）右侧，俗称横溪桥。始建于明天顺元年（1457年），邑人叶伯铭等建，明嘉靖二十四年（1545年）毁于火。明隆庆五年（1571年）知县梁元昊重建，清乾隆十四年（1749年）圮于水，乾隆四十三年（1778年）再重建。1997年修缮时，拆去桥北端。日升门溪边驳岸，重新用条石砌筑。两端桥堍用块石砌筑。

长25.5米，宽5.6米，孔跨23.4米。南北走向，11开间，48柱。桥中心间以斗拱承托八角藻井，上覆双坡顶，中间升出歇山式屋顶，形

成重檐。桥正间以斗拱层层了挑承托藻井，雀替有雕刻卷草纹。桥屋面正中间升出歇山式屋顶，形成重檐桥屋。桥中设神龛，祀观音。桥中梁墨书建桥捐款人等资料。桥中西面原设有栅通道，供牲畜或挑肥料者行走，后拆。1986年公布为寿宁县第一批县级文物保护单位。

（21）名称：老人桥

时代：明正德年间

省市：福建省

民族：汉族

位置：闽福鼎

孔数：单

结构类型：贯木拱

（21）老人桥

桥的主要参数：桥长30.8米，宽8米

概况：福鼎市管阳镇西阳老人桥，始建于明正德年间。老人桥是明代十七都民众为纪念邱阜老人而建的，至今保留完好。老人桥位于福鼎市管阳镇西阳行政村老人自然村，坐西南朝东北，是一座木结构的弧形古式桥梁，横跨于溪潭上，规模颇具。桥长30.8米，宽8米，主体（桥架）结构为五段三层交岔衔接而成，用整条木筒135支（不包括横架木筒），其中两端四支"地龙木"直径85厘米。桥架顶部架枕木铺钉桥板，上造桥亭一座，竖柱56根，其中4根直透地龙木衔接，上架梁钉檐盖瓦为栋，桥两侧架木栏，设坐凳，全桥外侧均用木板披钉，以御风雨的侵袭。

（22）名称：登龙桥

时代：清道光十六年（1836年）重建

省市：福建省

民族：汉族

位置：闽周宁

孔数：单

结构类型：贯木拱

桥屋：15间

桥的主要参数：桥长38米，宽4.9米

（22）登龙桥

概况：登龙桥位于周宁县七步镇八蒲村，始建年代不详，清康熙二十六年（1687年）水毁后，于清康熙五十六年（1717年）八蒲村村民黄宠等募建，清乾隆三十九年（1774年）生员黄廷元等募修，清道光十六年（1836年）武生黄高捷、张仕光重建，1986年村民饰万花筒。桥长38米，宽4.9米，单孔净跨23.5米，离水高9米，桥台石砌，全桥用杉木建造，主拱骨架采用双层纵向斜平梁与横向连系梁组合的多边形结构。桥面木板上铺砌青砖以防火。桥上建单檐硬山顶廊屋，15开间，高4.5米，宽与桥同。桥中通道宽3.2米，两边设坐板，桥边廊壁开设通光孔，鱼鳞板雨披。桥中设神龛，梁柱题写诗词、楹联，以及修建者及募款数额。桥头分别以石阶连接旧路。

登龙桥特殊而巧妙的结构造型具有很高的文物价值，其保存之完整，历史延续之久及建造之精美在宁德市乃至全国木拱廊屋桥中很少见，这是祖先留给我们不可多得的宝贵遗产，对于研究我国桥梁史具有十分重大的意义。

2005年被福建省人民政府列为省级重点文物保护单位。

（23）名称：真武桥

时代：清乾隆二年（1737年）始建，1959年重建

省市：福建省

民族：汉族

位置：闽福安

孔数：单

结构类型：贯木拱

桥的主要参数：桥长39米，宽5米

概况：清乾隆二年（1737年），坦洋村有一位名叫胡福四的茶农，培植出一种茶，名曰"坦洋菜茶"，而后周边十里八乡的茶农都种上了这种"菜茶"。为便于交易，当地茶农就在福安通往寿宁的古道上修建了这座廊桥。但是坦洋廊桥建造以来屡遭劫难。于是，清光绪二年（1876年），武举人施光凌等再建时，用真武大帝坐镇。真武是掌管北方和水火的神明，手中握有龟蛇二将，于是被茶乡百姓尊奉为保护神。

（23）真武桥

真武桥是坦洋村的第一景观，木质廊屋，石木结合。远观其桥，由无数个加了瓦盖的亭子连起来，底下部分是用花岗岩砌成，呈拱形横跨坦洋溪。走进其中细观此桥，每条横梁的两侧尽头都垂下一段短短的吊柱，各吊柱的下方分别悬着一个灯笼状的木雕，四周雕刻着花草虫鱼。林立的木柱和神龛被涂上一层大红色，整个廊桥呈现一种强烈的视觉效果。

（24）名称：余庆桥

时代：清光绪十五年（1889年）建

省市：福建省

民族：汉族

位置：闽武夷

孔数：3

结构类型：贯木拱

桥屋：25 间

桥的主要参数：桥长 79.2 米，宽 6.7 米，高 6.8 米，每孔跨 23.7 米

(24) 余庆桥

概况：余庆桥建于清光绪十五年（1889 年）的武夷山市（原崇安县）南六余庆桥，横跨崇阳溪，全长 79.2 米，宽 6.7 米，高 6.8 米，两墩、两台、三孔双曲木拱桥（也称西桥）。与余庆桥隔洲相连的垂裕桥（东桥）为四墩、三台、五孔，更为壮观，可惜在抗日战争中毁于火患。武夷山余庆桥独具特色，风格殊异，有很高的研究和保留价值，是中国古桥建筑史上的一个缩影，是武夷建筑史上的一个丰碑。

（25）名称：永隆桥

时代：明洪武十年（1377 年）

省市：福建省

民族：汉族

位置：闽连远

孔数：4

结构类型：木伸臂

桥屋：25 间

桥的主要参数：桥长 80 米，宽 6 米

概况：永隆桥坐落在莒溪镇璧洲村，始建于明洪武十年（1377 年），距今已 600 余年，为闽西最古老的屋桥。距桥约百步，是建于清

(25) 永隆桥

康熙三十一年（1692年）的文昌阁，与附近的妈祖庙、永兴庙（祀玲瑚公王）等，形成一个完整的古建筑群。

永隆桥依山跨水，桥墩以花岗岩石砌成。上用优质木材堆叠成斗拱式，桥面遍铺鹅卵石，两旁木栅栏外，上下两层木蓬雨盖，装饰图案，桥端立有门楼，精巧美观，虽经风雨剥蚀，却愈显古朴雅致。桥身倒影溪中，山光水色，相映生辉。

(26) 名称：玉砂桥

时代：始建于清康熙二十三年（1684年），清咸丰年间被毁，民国十年（1921年）重建

省市：福建省

民族：汉族

位置：闽连城

孔数：2

结构类型：木伸臂

桥屋：8间

桥的主要参数：桥长34

(26) 玉砂桥

米，宽5米

概况：玉砂桥坐落于四堡乡马屋村村口的花溪河上，相传昔日花溪河之沙石，晶莹闪烁若玉石，故名玉砂桥。始建于清康熙二十三年（1684年），距今已300余年，是连城县著名古桥之一。

玉砂桥全长34米，宽5米，高约10米，桥面砌以大小如一的鹅卵石，两旁栅以栏杆，上张伞篷，廊分九楹，首尾中间均有小阁，高低错落，精致美观。桥基为水成岩石鳌墩，上架有枕木，为斗拱式，托住桥身，桥两端古树参天，景致清幽。在清代，常有文人墨客在此飞觞邀月，吟诗作画，为马屋村扶风十二景之一。前人《虹跨玉砂》诗云："沙浦玉屑跨长虹，锁却山川千万重。"

(27) 名称：云龙桥

时代：始建于明崇祯七年（1634年），清乾隆三十七年（1772年）重修

省市：福建省

民族：汉族

位置：闽连城

孔数：5

结构类型：木伸臂

桥屋：31间

桥的主要参数：桥长77.8米，宽5米

(27) 云龙桥

概况：云龙桥是座古老的屋桥，又称风雨桥，坐落在罗坊乡下罗村，建于明崇祯七年（1634年），清乾隆三十七年（1772年）重修，1996年列为福建省文物保护单位，是国家AA级风景区名胜区冠山旅游

景点之一。

云龙桥设计独具匠心，造型别具一格。桥长 77.8 米，宽 5 米，高 30 米，有六墩七孔。桥的一端建在悬岩上，桥墩均用坚硬的花岗岩条石砌筑，桥身用圆杉木分 7 层纵横叠铺，形成下窄上宽，桥面采用鹅卵石砌铺。桥屋为穿斗式木结构，由 128 根木柱分 4 排撑起卷棚屋顶。桥面中间为车马道，两边为走廊。桥沿两边设木栏杆，上覆盖双重薄木板雨披，既能延伸桥屋面，又不影响桥上采光，即使人们坐在桥廊上，也不至于被大雨打湿。桥中偏西处建有双层六角小阁楼，称为魁星阁，内供奉魁星。桥的正中还建庑殿式屋顶的桥亭。桥西两端各置一座斗拱牌楼，上挂"云龙桥"横匾。

（28）名称：永宁桥

时代：清雍正二年（1724 年）

省市：福建省

民族：汉族

位置：闽永安

孔数：单

结构类型：石拱

（28）永宁桥

桥的主要参数：桥全长 22.7 米

概况：永宁桥全长 22.7 米。桥身之上为建阁。

（29）名称：会清桥

时代：明末清初

省市：福建省

民族：汉族

位置：闽永安

孔数：3

结构类型：石拱

（29）会清桥

桥的主要参数：桥长 44 米，宽 8.2 米

概况：会清桥位于集凤村，在胡贡溪交汇处。始建年代不详，据《八闽通志》卷十九"地理、桥梁"延平府永安县载，"会清桥，在二十六都"，二十六都即贡川。《八闽通志》始修于明成化二十一年（1485 年）。因此可以认定，会清桥距今有 500 多年的历史。

会清桥为南北向，两墩三孔，横跨胡贡溪之上，连接贡川堡与巫峡头，桥身用丹霞石砌成拱券形。桥上建木屋，形成长廊式走道。桥屋11 间，56 根木柱，桥两端有门楼，中部是升起的桥亭。门楼四面坡屋顶，正脊上有鱼吻，屋檐下有如意斗拱、彩绘、泥塑。桥亭是单檐歇山屋顶，下方有方形藻井神龛，内奉真武大帝。桥身是悬山屋顶。桥屋采取五架抬梁式，斗拱形式多样。

（30）名称：通仙桥（东关桥）

时代：始建于宋绍兴十五年（1145 年），明弘治十三年（1500 年）加廊屋

省市：福建省

民族：汉族

位置：闽永春

孔数：5

结构类型：石墩木梁

桥的主要参数：桥长 85 米，宽 5 米

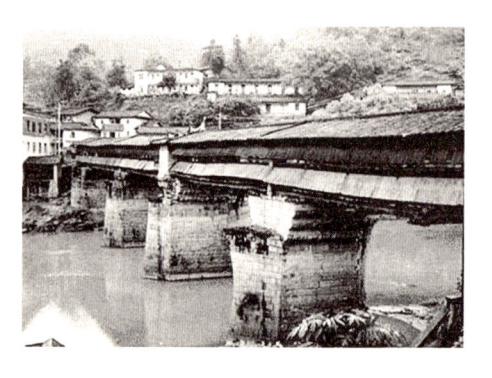

概况：东关桥又称"通仙桥"，位于福建省永春县东关镇东美村的湖洋溪上，历来是交通要冲，为闽中、南往返的必经之地。东关桥始建于南宋绍兴十五年（1145 年），是闽南绝无仅有的长廊屋盖梁式桥，全长 85 米，宽 5 米，共六墩五孔两台，桥基采用"睡木沉基"，船形桥墩以上部分为木材构造，技艺之精湛，构造之奇特实属罕见。现为福建省重点文物保护单位，并被载入《中国名胜词典》。

（30）通仙桥

（31）名称：当坑桥

时代：建于明，清乾隆己酉年（1789 年）重修

省市：福建省

民族：汉族

位置：闽长汀

孔数：单

结构类型：木伸臂

桥的主要参数：桥长 25.6 米，宽 6 米

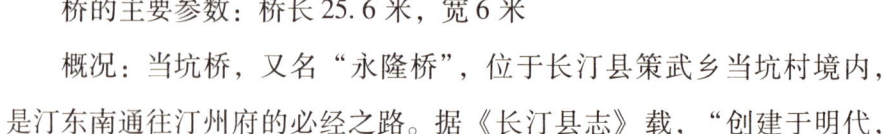

（31）当坑桥

概况：当坑桥，又名"永隆桥"，位于长汀县策武乡当坑村境内，是汀东南通往汀州府的必经之路。据《长汀县志》载，"创建于明代，

清乾隆己酉年（1789年）重建"。桥头立有石碑，镌刻有捐资者姓名。此桥属木梁单跨廊桥，桥长25.6米，宽6米，高9米，以10米多长的粗大杉木并排为梁，跨梁纵横叠架杉木9层。桥面以鹅卵石铺就。桥廊立柱4排，共40楹，成9开间，抬梁构架，穿榫连接，不施栓钉。两侧设长凳、栅栏和雨披。单檐悬山顶，上覆青瓦。中部设有神龛，祀玄武大帝，神像造型独特：两手握蛇，一脚踏龟。神龛对面有一方桥窗，桥窗给神龛一块明亮的光线，也供路人小歇时，作为向外观景之用。虽然桥廊以巨杉抬梁，但桥面却用鹅卵石铺就，与两头的石级路相接。当坑桥是长汀县境内最长的一座风雨桥，其独特的木梁单跨结构，闽西少见。

二、湖南省廊桥现状及分布

（一）主要分布地

廊桥主要分布在侗族聚居区的各个侗寨，其中尤以湖南通道侗族聚居区的廊桥形制最大，结构最完整，最能代表侗族廊桥的最高水平。土家族廊桥数量不多，主要分布在湖北西南部的恩施土家族苗族自治州。

（二）自然与社会环境

概况与气候：湖南属于内陆省份，全省面积过半为湘江流域和洞庭湖流域。全省以中、低山与丘陵为主，东、南、西三面山地环绕，中部和北部地势低平，呈马蹄形的丘陵型盆地。西北有武陵山脉，西南有雪峰山脉，南部为五岭山脉（即南岭山脉），东面为湘赣交界诸山，湘中地区大多为丘陵、盆地和河谷冲击平原，除衡山高达千米以外其他均为海拔500米以下，湘北为洞庭湖，与湘、资、沅、澧四水尾间的河湖冲积平原，地势很低，一般海拔50米以下，因此，湖南的水系呈扇形状汇入洞庭湖。

地貌与河流：以流水地貌为主，占全省总面积的64.76%。武夷山脉位于湘西北角，属湘鄂山原的一部分，海拔1000米左右。山地地势大致从西北向东南渐降。澧水的源流与支流多发源于西北，流向东南，成为平行状水系注入干流，最后转向东北方向流入洞庭湖。湘西北的雪峰山脉地势较高，南端高达1500米左右，主峰苏宝顶海拔1934米。雪峰山脉为资江与沅江的分水岭，贯穿于湖南西部，成为湖南西部地区交通的主要屏障。

人文历史：根据湖南考古发掘和先秦文献中许多史实记载的惊人暗合，湖湘文化不仅可追溯到千年前，而且缘于炎黄文化和前炎帝神农文化。在率先发明栽培稻的湖南先民文化传统中，还蕴含着一种惯于发扬主观能动性、敢为天下先的性格特征。这些性格和精神，一脉传承迄今，成为湖湘文化的价值取向和思维方式的基础，形成了国家民族利益高于个人利益的集体主义价值观、突出的爱国主义传统指向以及个人对国家盛衰、民族兴亡的强烈责任感和使命感。这种价值取向也造成了湖湘文化的思维方式，即博采内外众家、广为交融、优化思维主体的开放方式。随着历史长河的奔流向前，逐渐形成的以屈原为代表的南楚文化与以孔子为代表的儒家文化不断冲突融会，中原文化的"文雅"与群苗文化的"蛮野"这两大基因的结合，就构成了湖湘文化独特的"倔强""刚坚""峻激"的风格。三湘四水的灵动多彩，孕育着激越冲突型的文化思想。湖南三面环山，一面临水，是一块马蹄形的地域。二千多年过去了，湖南的地理和自然环境依旧，从屈原到欧阳询、怀素，到王船山、魏源，曾、左、彭、胡，到谭嗣同、齐白石，到黄兴、蒋翊武、蔡锷、毛泽东，这种情怀和精神一以贯之。我们在面对湖湘文化的时候，绝不能低估了这种环境对湖湘文化的影响。湖湘文化的基本精神是什么？概括为以下四个方面："淳朴重义"，"勇敢尚武"，"经世致用"，"自强不息"。

此外，要提一下侗族地区：整个侗族地区基本处在云贵高原的东部边缘，地势呈由西北向东南倾斜状。海拔在500～1000米。其中有数条山脉坐落其间，北有武陵山，南有越城岭和九万大山，东为雪峰山，西为苗岭支脉，中间有雷公山。山间有许多谷地，许多是因为河流带来的泥沙在河流拐弯处因流速较缓沉积下来，形成的较平坦的谷地和小盆地。这些谷地为当地居民提供了很好的居住、耕种用地，是这一地区人民赖以生存的土地。许多村镇聚落也坐落在其中，形成既相对封闭，又相对开放的盆地或山谷。

侗族聚居地区的河流众多，它们大都迂回前进，没有固定的方向。这些河流主要分为两个水系，一部分是属于长江水系，一部分是属于珠江水系。中间为两大水系的分水岭——由西北向东南延伸的雷公山。境内主要的河流有属于长江水系的沅江及其上游支流，属于珠江水系的浔江、都柳江等。这些河流经过之处多有高山，河窄流急，常见高峰峡谷。它们大多数属山溪性河流，坡度陡，水流急，洪峰持续时间短，水位涨落变化大。这也常常会成为廊桥的灭顶之灾。

侗族地区属于多雨地区，年降水量一般在1200毫米左右。沉水流域雨量尤为充沛，全年雨量分布以夏季为多，常占40%以上，春秋两季各占25%，冬季约占10%。整年的雨季特别长，是全国雨日最多的地方之一。廊桥的防雨功能就显得特别的重要。再者此地深处内陆，冬季的平均气温在7℃左右，夏季的平均气温在27℃左右，全年平均气温在18℃左右，是一个利于植物生长的地区。许多江河的上游都是森林茂密的地方，盛产杉木、油桐、松，就连楠木、银杏、檀木这些名贵树种也在这里出产，再加上侗族人爱植杉树，而这些树木常常用作造桥的材料，充足的林木储备是廊桥延续至今的一个重要原因。

（三）廊桥风格及文化艺术特点

1. 廊桥主要分布：湖南省的廊桥70%以上主要分布在侗族地区，其他分布在土家族、瑶族地区，汉族地区有少部分。

2. 建设年代：廊桥的95%建于清代，少数建于明代。

3. 主要风格及文化艺术特点

90%以上是木伸臂廊桥，其他为石拱廊桥。其中大部分廊桥在侗族地区建成，侗族廊桥在侗族村落当中有重要的意义，与鼓楼、戏楼是侗寨中的重要的公共建筑，廊桥的修建一般都是举一寨之力，大型廊桥的修建则需要几个村寨联合修建才能成事。侗族廊桥一般有两个作用：一个是坐落于村口或者说是水口，起到与外界连接的作用，同时又起到防卫的作用，这一类占了侗族廊桥的大多数，一般都为大型廊桥。另一个是坐落于村寨里，起联系村寨内部的作用，这一类廊桥比较少，形制也比较小。

侗族廊桥一般都由四个部分组成。其一为桥墩，由于山高水深，多建高大的劈水的石墩。其二为桥跨，多用石墩木伸臂结构。其三为桥面，多用四柱七檩的梁架支撑，在檐柱和内柱之间设通长的木凳，供行人休息，为保护下部结构会挑出腰檐。其四为屋顶，常常用廊道将建在桥墩节点上的"鼓楼"连接起来，形成高低错落和强烈的主次感。内部空间也是有开有合。在廊桥的入口处也会建楼阁以示强调，但在重要性上要稍次于正中桥墩上的"鼓楼"。这种处理使侗族廊桥具有很强的中轴对称的秩序感，显得庄重大方，有很强的装饰性，是南方少数民族廊桥艺术的杰出代表。

土家族廊桥没有侗族廊桥那样有很强的装饰性，更注重的是实用性。土家族廊桥一般都采用木伸臂结构或与木撑架拱的混合结构，是伸臂梁向跨度更大、材料更节省的木拱结构的一种过渡。土家族具有高超的驾驭木材材料特性的能力。

在桥屋处理方面都比较简单，两坡的悬山屋顶，挑檐深远，设腰檐，较少用重檐屋顶，入口处一般也不做处理。梁架还是采用四柱七檩的支撑系统，形制更接近于穿斗式。侧面用直杈栏杆围护。整个桥屋几乎不用修饰，清晰地展现木结构的本质面貌，给人一种结构美。

几乎所有的土家族廊桥都没有固定的祭祀空间，廊桥是土家族人的市集和交流场所，是土家族建筑的杰出代表。

廊桥实例：6座（见图）

（1）名称：龙津风雨桥

时代：明代万历十九年（1591年）始建

省市：湖南省

民族：侗族

桥的主要参数：桥全长252米，宽12.2米，过道5.8米

（1）龙津风雨桥

概况：龙津风雨桥位于湖南省芷江县，据称是世界最大的侗乡风雨桥，明代万历十九年（1591年）始建，多次圮毁，修复，史称"三楚西南第一桥"。如今修复后的龙津桥全长252米，宽12.2米，过道5.8米。桥墩16个，呈舰形，用规则四方的青石岩围砌而成，桥面改用混凝土。

（2）名称：普济桥

时代：清光绪二十一年（1895年）

省市：湖南省

民族：侗族

位置：湘通道坪坦

孔数：单

结构类型：木伸臂

桥的主要参数：桥全长31.4米，桥面宽3.8米

概况：湖南省通道侗族自治县境内有座极具研究价值的木拱桥，专家称它为"桥梁化石"，当地人取名叫普济桥。普济桥位于通道县城西南22千米的坪坦乡坪坦村寨，横亘于坪坦河上，为单孔伸臂梁式廊桥。全长31.4米，桥面宽3.8米。该桥由11廊间连接成一体，木质四柱三间排架结构，两头有风火墙。普济桥始建年代无考，现存桥为清光绪二十一年（1895年）复建，有题梁铭文，民国七年（1918年）维修。现被列为湖南省重点文物保护单位。

（2）普济桥

（3）名称：镇东桥

时代：清光绪五年（1879年）

省市：湖南省

民族：侗族

位置：湘安化东坪

孔数：5

结构类型：木伸臂，有八字支撑

桥的主要参数：桥长30丈（约96米），宽1丈4尺（约4.5米），

高3丈6尺（约11.5米）

镇东桥，又名东坪大木桥，建于清代光绪五年，即1879年，桥临资江，横跨柳溪，全长96米，桥面宽3.2米，桥高11.5米，桥分上下两个部分，桥上为木结构，桥墩为花岗岩结构。整个木桥为一长形阁廊，用巨木构架做梁，桥面用厚木板铺就，桥面两边，各分成31

（3）镇东桥

个大小相等的亭间，百米长桥不用一钉一铁，而是用1000立方米木材筑成，可见当年木桥设计之精巧，工匠技艺的高超。大木桥顶盖着青瓦，两头檐角高翘，古朴典雅，雄伟壮观，历来不仅是东坪镇上的一处胜景，也是安化山城连通东西的黄金通道。

（4）名称：永锡桥

时代：清光绪四年（1878年）

省市：湖南省

民族：侗族

位置：湘安化洞市

孔数：4

结构类型：木伸臂

桥屋：34间

桥的主要参数：桥长22丈7尺（约72.6米）

（4）永锡桥

概况：永锡桥为清光绪四年（1878年4月）修建。光绪七年（1881年）十月落成，是益阳市安化县规模最大且保存最为完好的木构风雨廊桥。位于锡潭村，横跨麻溪，桥长83米，高13米，宽4.2米，有石墩5个，木桥亭34间。属县级重点文物保护单位。

（5）名称：万寿桥

时代：明崇祯年间始建，清乾隆八年（1743年）重建

省市：湖南省

民族：侗族

位置：湘溆浦

孔数：5

结构类型：木伸臂

桥屋：34间

桥的主要参数：桥长22丈5尺（约72米）

（5）万寿桥

(6) 名称：广利桥

时代：始建于清乾隆三十八年（1773年），清光绪二年（1876年）重修

省市：湖南省

民族：汉族

位置：湘东安塘复

孔数：3

结构类型：石拱

桥的主要参数：桥长36.8米，宽4.55米

概况：广利桥位于距东安县城20公里的印水河上，属紫溪镇塘复村。清乾隆三十八年（1773年）修建，清光绪二年（1876年）重修。广利者，"广济众人，万民称便"之意也。广利桥桥墩三拱，拱高6米，两端用青石砌成，拱脚落水处分薄至0.33米，迎水处做成突出的尖钩状，有如"金鸡脚"。桥面过道处填以黄土，人称"豆腐腰"，故有"金鸡脚、豆腐腰，莫把石板垫路腰"的俗语。桥充分发挥了减轻洪水冲击强度、减轻桥身承载负荷的作用，历二百四十余年而巍然屹立，充分展示了中国传统筑桥技术的高超和神奇。

三、广西壮族自治区廊桥现状及分布

（一）主要分布地：主要分布于广西三江、融水、龙胜，侗族的主要聚居地。

（二）自然与社会环境

概况及气候：广西地处祖国南疆，区位优越，南临北部湾，面向东

南亚，西南与越南毗邻，东邻粤、港、澳，北连华中，背靠大西南。广西周边与广东、湖南、贵州、云南等省接壤。全自治区聚居壮、汉、瑶、苗、侗、仫佬、毛南、回、京、彝、水、仡佬等民族，其中壮族人口占32.79%。广西位于全国地势第二台阶中的云贵高原东南边缘，地处两广丘陵西部，南临北部湾海面。整个地势自西北向东南倾斜，山岭连绵，山体庞大，岭谷相间，四周多被山地、高原环绕，呈盆地状，有"广西盆地"之称。

地形及河流：广西地貌总体是山地丘陵性盆地地貌，呈盆地状。其特征是：盆地大小相杂。西、北部为云贵高原边缘，东北为南岭山地，东南及南部是云开大山、六万大山、十万大山。盆地中部被广西弧形山脉分割，形成以柳州为中心的桂中盆地，沿广西弧形山脉前坳陷为右江、武鸣、南宁、玉林、荔浦等众多中小盆地，形成大小盆地相杂的地貌结构。山系多呈弧形，层层相套。自北向南大致可分为4列：第一列为大苗山—九万大山；第二列为大南山—天平山—凤凰山；第三列为驾桥岭—大瑶山—莲花山—镇龙山—大明山—都阳山（此列亦称广西弧）；第四列为云开大山—六万大山—十万大山—大青山。山系走向明显呈现东部受太平洋板块挤压、西部受印度洋板块挤压迹象。山地以海拔800米以上的中山为主，占广西总面积23.5%；海拔400~800米低山次之，占广西总面积15.9%。桂东北猫儿山主峰海拔2141米，为广西第一高峰，也是南岭最高峰。越城岭—猫儿山与海洋山之间的湘桂走廊是中国三大走廊之一。丘陵错综，占广西总面积10.3%，在桂东南、桂南及桂西南连片集中。喀斯特地貌广布，占广西总面积37.8%，集中连片分布于桂西南、桂西北、桂中、桂东北，其发育类型之多为世界少见。

人文历史：从考古发现的百色古人类遗址可知，早在70万年前广西就有原始人类生息了。秦始皇统一岭南后，在今兴安县境内开凿了人工运河——灵渠；西汉时，合浦是我国"海上丝绸之路"的始发港之一，唐代广西经济、文化得到了较大的发展，修筑了沟通桂江和柳江的著名水利工程相思埭；广西出现了第一个状元赵观文和颇负盛名的诗人曹邺、曹唐。五代十国时期，楚与南汉长期争夺广西，社会经济遭受破坏。宋代邕州横山寨（今田东县平马镇）、永平寨（在今宁明县）及钦州三大博易场成为西南民族集市或与交趾等地贸易的国际市镇；有色金属锡、铅的产量居于全国前列；纺织品尤其是苎麻织品质量上乘，左右江出产的緂布色彩丰富，是最早的壮锦及当时的上品衣料。元朝统治广西基本上着重于军事控制，元至正二十三年（1363年），设置广西行中书省，为广西建省之始。

明朝是封建社会广西经济开发最有成效的时期，大量移民涌入，耕地面积显著增加；已开始种植双季稻，耕作技术由粗放转向细致；建筑艺术达到了相当高的水平，代表性建筑有容县真武阁、合浦大士阁等。

先秦以前，广西为百越民族聚居地。秦汉以降，汉族人民和苗、瑶、回等少数民族人民因军事、经济、避乱、仕宦、谪迁等原因源源不断地迁入广西。移民不仅是古代中原文化向岭南传播的有效途径，也构成秦汉以后历代中央政权对广西进行统治的社会基础。移民带来先进的生产技术和经验、农作物的新品种等，将汉族的封建政治和文化传播到广西。例如隋桂州总管令狐熙，唐柳州刺史柳宗元、容州刺史韦丹，宋广西转运使陈尧叟等一批杰出人物来桂任职，就实行过不少发展生产、缓和民族矛盾的改革措施，对促进广西经济、文化和社会发展做出了特殊贡献。新时期，在推动广西近代工矿业、经济、文化教育事业的发展

（三）廊桥风格及文化艺术特点

廊桥主要为侗族和瑶族所建，各占了46%左右，另外少许是汉族所建。建设年代：60%为清代所建，20%为明代所建。其他为唐代、宋代建成。廊桥中主要为木伸臂廊桥，占了43%左右，另外，石拱及石墩石梁的廊桥各占了28%左右。单孔廊桥占了近30%，其他为2、3、4、7孔洞廊桥。广西主要是瑶族廊桥。其由于分布地点相对集中，廊桥的风格比较统一。河道略宽时，一般采用石拱结构作为桥跨，河道较窄时采用木简支梁结构。由于地处平坝，河流与河岸的落差不大，所以，桥墩一般不高，桥跨在立面上不明显，使得桥屋在廊桥中所占比重比较大。

在较隆重的廊桥中会在一个入口处修建有重檐的高大阁楼，而一般的廊桥在入口处都以硬山山墙结束，桥屋廊道屋顶在正中位置一般都会升起一开间或者三个开间成重檐的歇山。整个廊道的梁架系统同其他地区廊桥类似，为四柱七檩，只是不是纯粹的穿斗式梁架。桥面一般都设有座椅。稍大型的廊桥在细部上都会有很多处理和装饰，小的则不然。几乎所有的瑶族廊桥都没有祭祀空间。

瑶族廊桥是汉民族与少数民族的建造技术结合的产物，是瑶族乡村中突出的风景建筑。

廊桥实例：10座（见图）

（1）名称：程阳永济桥

时代：1916年

省市：广西壮族自治区

位置：桂三江林溪马鞍寨

孔数：4

结构类型：木伸臂

桥屋：65间

桥的主要参数：桥长64.4米，宽3.4米，高10.6米

概况：广西三江的廊桥极有名气，其中规模最大、造型最美观的程阳桥又叫永济桥，建于1916年，虽然历史不太长，却是侗寨风雨桥的代表。有5个石砌大墩，桥面架杉木，铺木板，桥中有5个多角塔形亭子，飞檐高翘，显得雄伟、浑厚，整座桥梁不用一钉，凿木相吻，以榫衔接。

（1）程阳永济桥

（2）名称：巴团桥

时代：清宣统二年（1910年）

省市：广西壮族自治区

民族：侗族

位置：桂三江独峒

孔数：2

结构类型：木伸臂

（2）巴团桥

桥的主要参数：桥长50米，行人面宽3.9米，畜道宽1.8米

概况：巴团风雨桥是一座造型独特的人畜分道风雨桥，位于广西壮族自治区三江侗族自治县独峒镇巴团寨旁的苗江上，规模略小于程阳桥。该桥建于清宣统二年（1910年），桥长50米，桥台间距为30.4米，二台一墩，两孔三亭，结构形式与程阳桥相似，不同之处是在人走

的长廊边另设畜行道小桥,成为双层木桥,两层高差为1.5米。人畜分道,能使人行道上清洁安全,也利于延长桥梁的使用时间。

（3）名称：人和桥

时代：清光绪二十一年（1895年）

省市：广西壮族自治区

民族：侗族

位置：桂三江良口和里

孔数：单

结构类型：石拱

桥屋：10间

桥的主要参数：桥宽4.3米

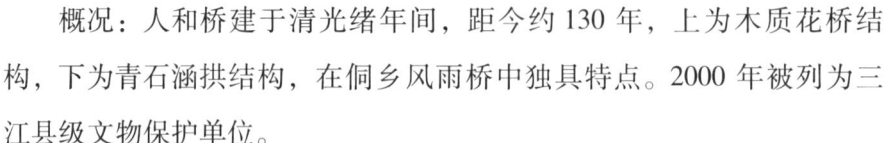

（3）人和桥

概况：人和桥建于清光绪年间,距今约130年,上为木质花桥结构,下为青石涵拱结构,在侗乡风雨桥中独具特点。2000年被列为三江县级文物保护单位。

（4）名称：具河风雨桥

时代：建于1920年

省市：广西壮族自治区

民族：侗族

位置：桂三江独峒具盘

孔数：3

结构类型：木伸臂

（4）具河风雨桥

桥的主要参数：桥长35米,宽3米,高5米

概况：具河风雨桥位于三江侗族自治县独峒镇具盘村具河屯北,建

于1920年。桥长35米，宽3米，高5米，两台两墩三亭三廊，杉木穿斗伸臂结构，歇山顶，四层檐瓴。

（5）名称：华练风雨桥

时代：始建于清光绪元年（1875年）

省市：广西壮族自治区

民族：侗族

位置：桂三江独峒华练

孔数：3

结构类型：木伸臂

桥屋：17间

桥的主要参数：桥长65米，宽3.8米，高8米

（5）华练风雨桥

概况：华练风雨桥位于三江侗族自治县独峒镇华练村华练屯南，建于清光绪元年（1875年），为石礅木桥。桥长65米，宽3.8米，高8米，两台两礅四亭十七间廊，杉木穿斗结构，歇山顶，四层檐瓴。

（6）名称：玉带风雨桥

时代：建于清光绪四年（1878年）

省市：广西壮族自治区

民族：瑶族

位置：桂龙胜伟江

孔数：2

结构类型：木伸臂

桥的主要参数：桥长18.8米，宽3.3米，高3米

（6）玉带风雨桥

概况：和里玉带风雨桥位于三江侗族自治县良口乡和里村和里屯，建于清光绪四年（1878年），为石板支架做礅的木桥。桥长18.8米，宽3.3米，高3米，两台一礅三亭四间廊，穿斗结构。两端亭为歇山顶，中间亭为攒尖顶。

（7）名称：双溪风雨桥

时代：建于清光绪十一年（1885年）

省市：广西壮族自治区

民族：瑶族

位置：桂富川朝东东水

孔数：3

结构类型：石墩木梁

桥屋：7间

（7）双溪风雨桥

桥的主要参数：桥长18.9米，宽4.4米，高2.25米

（8）名称：回澜风雨桥

省市：广西壮族自治区

民族：瑶族

时代：始建于明末，清嘉庆初重修，清道光二十年（1840年）维修

（8）回澜风雨桥

位置：桂富川油沐下花园黄沙河

孔数：4

结构类型：石拱

桥屋：11间

桥的主要参数：桥长26.7米，宽4.7米，高5米，跨度7.8米

概况：回澜风雨桥坐落于富川瑶族自治县油沐乡境内的沐笼村、下花园和三园栋之间的黄沙河上，为区级文物保护单位。始建于明代万历年间（1573—1620年），明崇祯十四年（1641年）重修。南明隆武二年五月（1646年6月）建石栏。清道光二十年（1840年）再次重修。中华人民共和国成立后，1986年至1987年政府拨款进行维修，使之保持原貌。其桥由三拱石拱、桥亭和阁楼三部分组成，桥面全部用青石板铺设，桥上一亭，亭内三十六根圆木柱，采用抬梁式构架，专供往来行人憩息，避风雨。据国家《古建园林技术》刊物上称，回澜风雨桥是集我国北方的石券桥、南方的亭、古远的阁，以及本地的廊桥四造型的特点于一的组合体，在全国古建园林中是极为独特和具民族特色的古建筑桥。

（9）名称：青龙风雨桥

省市：广西壮族自治区

民族：瑶族

时代：始建于明末，清嘉庆初重修，清道光十四年（1834年）维修

位置：桂富川油沐下花园黄沙河

（9）青龙风雨桥

孔数：单

结构类型：石拱

桥屋：11间

桥的主要参数：桥长26.7米，宽4.7米，高5米，跨度7.8米

概况：青龙风雨桥位于富川瑶族自治县油沐乡油草村左侧南30米的黄沙河上，距回澜风雨桥1千米，与之并称姐妹桥。据《整理青龙亭碑稿》载，此风雨桥始建于明代，清嘉庆初年（1799年前后）进行重修，道光十四年（1834年）再次重修时，将阁楼增高一倍，增建一楼，成为三层阁楼。桥由石拱、桥亭、阁楼三部分组成。桥长为26.7米，单拱，石砌，宽4.7米，高5米。桥亭由28根圆木柱抬梁构架组成，中耸一楼，楼由圆柱抬梁构架组成，歇山顶，三重飞檐，脊山有泥塑彩画，阁楼内、外、门窗和壁上也都绘有古代神话故事彩画。东、南、北三面有门，惟西面无门，北门与桥亭相通，三门门额上分别大书"翠拨群峰""山水环之""升仙气象"。桥面两侧有木栅栏和条木长板，供人小憩和避风雨。

（10）名称：花桥

省市：广西壮族自治区

民族：汉

时代：始建于南宋嘉熙年间，明嘉靖十九年（1540年）重建

位置：桂桂林

孔数：4

结构类型：石拱

桥屋：5间

桥的主要参数：桥长125.2米，廊长60米，宽6.3米

（10）花桥

概况：花桥，位于桂林市七星公园西面，七星岩旁小东江和灵剑溪交汇处，是桂林最古老的桥。据《静江府城图》石刻，宋代已有此桥，石砌五孔，桥式和桥亭大致与现在的水桥部分相同。花桥建成以来多有

易名。因始建于南宋嘉熙年间（1237—1240年），名嘉熙桥。元末明初时为洪水冲垮。明代景泰七年（1456年），桂林知府何永全在原来的桥基上"架木为桥"重建为木桥。明嘉靖十九年（1540年），靖江安肃王妃徐氏，重修为现存的四孔石桥，同时增旱桥6拱，以加强排洪。1949年前，石桥部分桥墩下沉，桥栏崩塌。现桥为1965年重建，1965年整修时新增一孔为七孔。平常两江之流从水桥缓缓南去，汛期洪水则从旱桥排泄。整修后，桥亭及旱桥勾栏均改为混凝土结构。

四、浙江省廊桥现状及分布（详见第二章）

五、安徽省廊桥现状及分布

（一）主要分布地：主要位于安徽南部的歙县、黟县等地。廊桥在徽州的许多村落里都有见，是徽派建筑一个重要的组成部分。

（二）自然与社会环境

概况及气候：安徽省地形地貌呈现多样性，长江和淮河自西向东横贯全境，主要山脉有大别山、黄山、九华山、天柱山，最高峰黄山莲花峰海拔1860米。长江流经安徽南部，境内全长416千米，淮河流经安徽北部，在境内全长430千米，新安江为钱塘江正源，境内干流长240千米。安徽地处暖温带与亚热带过渡地区，气候温暖湿润，四季分明。淮河以北属暖温带半湿润季风气候，淮河以南为亚热带湿润季风气候。全省年平均气温在14℃~17℃之间，平均日照1800~2500小时，平均无霜期200~250天，平均降水量800~1800毫米。

地形及河流：徽州地区河流方向不一，主要有三个方向，分别是向东注入钱塘江的新安江及其支流，向北注入长江的徽溪、尚田河等，以及向西注入鄱阳湖的昌江等。中间以晕岭为界，北为长江水系，南为钱塘江水系。

本地区处于长绿阔叶林地带，加上适宜生长的红壤和黄壤，由于人类活动频繁，徽州地区已经没有原始的森林资源，主要为次生林，由于土壤肥沃，本地的森林覆盖率还是比较高的，主要的林木有杉、松树和毛竹。

由于其特殊的地理位置，早在先秦时期就有"吴楚分源"之说，四面被几条山脉包围的该地区与周边地区都有较大差别，是一个相对独立的地域社会。自唐代起这一地区的政区就很少变化，"一府六县"的范围也大致稳定。徽州是家族制度极盛的地区。

廊桥多位于安徽、江西、浙江三省交界的地区，为长江中下游平原的丘陵多山地带，境内山川纵横，山地及丘陵面积占到十之八九。一般丘陵的平均海拔只在500米以下，也有在海拔1000米以上的山，其中著名的有黄山、齐云山、九华山等，均将徽州与其他地区隔离，横亘在中部的东北走向的翠岭是长江水系和钱塘江水系的分水岭。主要山脉基本上都是循构造线呈东北走向。

（三）廊桥风格及文化艺术特点

廊桥主要是汉族所建。建设年代：最早是在唐宋时建的彩虹桥，明代建了洪塘桥、桃源桥，其他为清代所建。就风格及文化艺术特点来说，主要为石拱廊桥，占了多数，其他彩虹桥和拱北桥为石墩木简支梁廊桥，观音桥为石磴石梁廊桥。孔数基本为1、2、3、5、6。彩虹桥的桥廊屋间最长有11间。由于本地相对独立的地理格局和多山多河流少地的自然环境，使得该地区的村落布局都相当紧凑，风水理论成为宗族社会当中非常重要的村落选址和营建房屋的准则，廊桥一般都与山、水、树、路、牌坊、文昌阁、祠堂构成村落景观当中重要的元素,其位置一般都在村头或者水口,形成一个村头景观序列。廊桥是进入村落的重要通道,前面有的建有牌坊,进入方向多与廊桥平行,为典型的通过型廊桥。

本地区的廊桥多为石拱结构,桥面平直,桥屋少有变化,大都为通长的廊道。上部桥屋以砖墙和木柱作为垂直支撑体系为多,屋顶梁架系统为七檩的穿斗式和抬梁式混合结构,形成两坡硬山屋面,多用青瓦铺设,屋面坡度较陡,较少装饰。在桥梁入口处常常建封火山墙以达到强调作用,墙上开拱门。桥屋主体外檐多砌砖墙,形成四周都为墙砌的较封闭的空间,只是在墙上开有花窗作采光、通风、观景用。从外部来看,花窗成为主要的廊桥装饰元素。这类廊桥以许村高阳桥为代表,类似的还有歙县的北岸廊桥。

廊桥实例:5座(见图)

(1)名称:北岸廊桥

时代:明代万历时始建

省市:安徽省

民族:汉族

位置:徽歙县

孔数:3

结构类型:石拱

桥屋:11间

(1)北岸廊桥

桥的主要参数:桥长33米,宽4.7米,高6米

概况:北岸廊桥位于歙县北岸村北溪河上,故又名"北溪桥"。明代万历时始建,清中叶康熙四十九年(1710年)大修,桥身石砌,三

拱券，分水墩前部呈半圆形，在古石桥中颇少见。桥上建廊，砖木结构，长33米，宽4.7米，廊内11间。北门额上书"谦庵旧址"，南端门额为"乡贤里"。东侧中间有佛龛，其外壁题"北溪毓秀"四个行书大字。北端西侧第二间置一敞窗，外装"美人靠"，沿墙置坐凳；东侧墙上辟砖砌梅花纹、龟纹等8个大方漏窗，西侧辟8个风洞窗，样式各异，有满月、花瓶、桂叶、葫芦等形状，改变了长廊的单调感，也使人们在廊内观景时有一优美的景框。在当时，这样的设计，还为造成佛光效果提供了条件，因为廊西墙开设了水磨砖漏窗，东墙上又有各式各样的空窗，让外面的光线从各个方向投射到神像上了。西侧墙上则砌满月、花瓶、桂叶、葫芦等样式的8个风洞窗，具有典型的徽派建筑特点。廊内两侧设座凳。西墙北端第二间还辟一装有"美人靠"的敞窗，临窗内廊上部装方格天花板，对窗悬"溪光山色"匾。桥面用青石铺成，桥廊两侧为白粉砖墙，顶部盖着青灰小瓦。北岸廊桥集独特的徽派建筑艺术与丰富的文化内涵于一身，是徽州廊桥中的优秀作品。在歙县，类似这样的廊桥，还有10多座。桥对河两岸居民来说，是最方便的集合处，就容易形成设在桥头或桥上的"桥市"，他们互通有无，交易活跃。桥内也摆设了不少摊点，已成为一条商业走廊。

（2）名称：高阳桥

省市：安徽省

民族：汉族

时代：元代建成，明代弘治年间改为石拱桥

位置：徽唐模

孔数：2

结构类型：石拱

桥的主要参数：桥长33米，宽5米，高6米

概况：高阳桥横卧在西溪上，最初由元代处士许村人许友山（洪寿）所建，开始是座双孔石礅木桥，明代弘治年间改为石拱桥，嘉靖年间（1557年）重修时增建了桥廊，清康熙年间（1719年）再修，形成现在的模样。桥上有廊，所以又名廊桥，廊内有7间，两侧各置座凳，中间和南侧设佛座。桥廊设窗，墙上和天花板上，彩绘游龙飞凤。这里同时也是一处地方戏剧表演的舞台。

(2) 高阳桥

(3) 名称：高阳桥

省市：安徽省

民族：汉族

时代：宋末元初

位置：徽歙县

孔数：单墩双孔

结构类型：石拱

桥屋：7间

概况：许村著名的"高阳桥"是一座30多米长的跨溪而建的古桥，有可遮蔽风雨的走廊。由宋末元初的处士许友山捐建，一开始是石礅木桥，到了明弘治年间，改为了单墩双孔的石拱桥，后重修时，在上面建了7间廊屋，分明间和次间，里面设置了木质的座凳，因为时间长久的缘故，两侧的座凳被摩挲得很光滑了；桥廊的中间顶部彩绘了云龙

飞凤的图案；桥廊两端，是阶梯形的三山风封火墙。在清代，桥廊的明间南侧供奉观音像，人们既祈祷观音菩萨护佑廊桥永固，也希望能保一方平安。明间的北面墙上，开有圆形的漏窗，好让阳光能够洒进来。

关于高阳桥，还有一个家族血脉传承的故事，按《许氏族谱》记载，当年许姓是从河南高阳来到徽州的，为了告诫子孙，许氏村庄凡是有条件的，都要建一座这种廊桥形式的"高阳桥"。在同样为许姓村落的徽州区唐模村，也有这样的一座高阳桥；而且，在曾是徽商重要的侨寓地江苏宜兴，也有一座高阳桥，同样是廊桥。由此，大略可以看出许氏家族的良苦用心。

许村村头的这座廊桥，现在主要供行人歇息。最初，它还有着风水方面的考虑。在过去，廊桥所在的地方，属于水口，水口是一个古村落的咽喉，所以，水口的地方，往往建有标志性的建筑，常见的是桥，或者是塔，辅以树、亭、堤、塘等，形成"关锁"，用来镇住象征生命、财富的水口的风气。

（3）高阳桥

（4）名称：呈坎环秀桥

省市：安徽省

民族：汉族

时代：元代

位置：徽呈坎

桥屋：1间

概况：被宋代理学家朱熹誉为"江南第一村"的呈坎，除了水口的古桥外，始建于元代的环秀桥，也是一座简单的廊桥，上面的桥廊，比较简易，相当于一个供人休息的亭子。桥两岸，店铺众多，商业气息浓厚。

(4) 呈坎环秀桥

(5) 名称：祁门安阜桥

省市：安徽省

民族：汉族

时代：明代

孔数：单

位置：徽祁门

桥屋：1间

(5) 祁门安阜桥

概况：安阜桥位于大坦乡大坦村水口的大坦河上，分上下两部分，下半部为石质单孔石桥，上半部为粉墙黛瓦廊屋，桥孔当中石勒"安阜桥"三字，反映了村民祈求安定生活的美好愿望。该桥建于明嘉靖年间，桥长30余米，桥廊最高处达15米。以柏水为带，以月山为屏，是由青石砌成的单孔廊桥。桥的西首建有2层楼阁，原有风铃挂于飞檐上，微风吹过，叮当作响。桥两侧有石台阶供行人上下，入门处门额上各题有"东维揽秀""西俪昭华"，字体遒劲。桥廊墙上设有什锦花窗，左右各五，其状为葫芦、六角、宝月等图形，意寓祥和。整个廊桥造型前低后高，凝重秀美，在现存的徽州廊桥中别具一格。

六、江西省廊桥现状及分布

（一）主要分布地：分布于赣南、信丰、安远、石城等地。

（二）自然与社会环境

境内除北部较为平坦外，东西南部三面环山，中部丘陵起伏，成为一个整体向鄱阳湖倾斜而往北开口的巨大盆地。全境有大小河流2400余条，赣江、抚河、信江、修河和饶河为江西五大河流。江西处北回归线附近，全省气候温暖，雨量充沛，年均降水量1341毫米到1940毫米；无霜期长，为亚热带湿润气候。地处中国东南偏中部，长江中下游，南岸古称"吴头楚尾，粤户闽庭"，乃"形胜之区"。用材植物数量大的有毛竹、松、杉等10多种，还有珍贵的阿丁枫、观光木等，甚至还有白豆杉、华东黄杉等名贵品种，但数量较少。全省共38个民族，其中汉族人口最多，占总人口的99%以上。

（三）廊桥风格及文化艺术特点

由于本地相对独立的地理格局和多山多河流少地的自然环境，该地区的村落布局都相当紧凑，廊桥一般都与山、水、树、路、牌坊、文昌阁、祠堂构成村落景观当中重要的元素，其位置一般都在村头或者水口，形成一个村头景观序列。廊桥是进入村落的重要通道，前面有的建有牌坊，进入方向多与廊桥平行，为典型的通过型廊桥。

赣南以太平桥和信丰玉带桥为代表的廊桥是典型的石拱桥，其建造的技术丝毫不亚于其他汉族地区，桥墩和桥拱多用条石，而其他的地方多用河卵石浆砌。桥屋的建造也多用砖，表现出当地客家人对于砖石的运用相当熟练。

廊桥实例：3 座（见图）

（1）名称：玉带桥

民族：汉族

省市：江西省

位置：赣信丰

孔数：单

结构类型：石拱

（2）名称：龙南太平桥

省市：江西省

民族：汉族

年代：始建于明正德年间

位置：赣龙南

孔数：双

结构类型：石拱

概况：在杨村街北面约

（1）玉带桥

（2）龙南太平桥

1.5 千米的太平江上，有座建造奇特的两孔三墩、四拱双层重叠组合石拱桥，它紧邻岚岭嶂和水口岭，这就是龙南县重点保护的文物之一——"太平桥"。古今两座，古桥即上桥，在现桥的上游百余米处，今仅存蚀空斑驳的桥址。下桥重建于清嘉庆至道光年间，主体桥身完好，这就是现在的太平桥。

其造型奇特，用工精细，四拱重叠组合，分砖木和砖石双层结构，全长 50 米，面宽 4 米，通身高 17.2 米。下层两孔三墩，以精磨花岗石为料，桐油、石灰、红糖、糯米浆为灰浆，精工砌筑而成。拱跨分别为 11.9 米和 12.9 米，拱高 6.2 米。上层有砖木结构的四通凉亭，资以览胜和憩息。侧面大拱砖长 8.4 米，高 8 米，拱肩落于下层两拱的拱顶之上，正面小拱跨 2 米，墙厚 1 米，小拱之上有赖懋杰手书刚劲有力的"太平桥"三字。亭顶四周以三把飞檐相衬，桥中专两岸，宛如长虹，气势磅礴，蔚为壮观。

始建与王守仁（阳明）有关。明正德七年（1512 年），龙南县境内边有小股农民起义事发，以黄秀魁、赖振禄、徐永富、钟万光、蓝斌等为首领，在龙南各处迂回活动。后来两支部队合并，扩大到五千余人，常夹攻信丰、安远、龙南等县，力击封建统治，威震朝廷官吏。正德帝勒令官军进剿多次，终难扑灭。正德十二年（1517 年）三月，都察院左佥都御史王守仁奉旨任南赣巡抚，调遣兵力，坐镇龙南等地指挥进剿，于次年正月，连获胜。太平境内赖振禄、徐永富等部，同被剿灭。王守仁为纪念胜利，在太平江水口处建太平桥。太平者，以示天下之升平也，这是古太平桥的由来。

下十余米处的江中，显现出一块巨大的奇石，形同卧伏的水牛，乡民视为神牛。传说它能随着洪水涨落而浮沉，夜间还会到广东省连平县的上坪寻食禾麦。当地流传着一首咏石水牛诗，诗云："可惜江边一瘦牛，迄今不知几春秋。洪水滔滔推不动，细雨霏霏作汉流。纵多嫩草难下口，铁鞭任打不回头，过往君者牵不起，天地为栏夜不收。"经人赋诗，神牛更神奇了，可是，后来广东一位行家（风水先生）又评说："牛要在栏内，怎可在栏外？神牛在桥下，必往外地爬，神牛在桥上，保得太平旺。"神迷心窍的乡民，便几经酝酿，于是在清朝嘉庆至道光年间（1796—1850 年），以族正赖懋杰为督理，广为集资，兴师动众，鸠工建筑，在石水牛下游 100 余米处，重建一座太平桥。据说，还为这只石水牛配对，又精凿细雕一只石水牯牛，至今仍放置在杨村镇车田村老围门口。

太平桥的建成，给行人留下了方便，也为杨村增添了一处胜景，它以其动听的传说，壮美的雄姿闻名遐迩。并吸引了不少国内外游客考察和瞻仰游玩，领略古人的才智风骚，激励后人的学习热情。1983年太平桥被列为龙南县重点保护文物，竖立石碑，以昭后人。

（3）名称：彩虹桥

省市：江西省

民族：汉族

时代：南宋时期

位置：赣婺源

孔数：5

结构类型：石拱

桥屋：11间

（3）彩虹桥

桥的主要参数：桥长140米，宽7米

概况：被誉为徽州最美的古廊桥，就是婺源清华镇的彩虹桥了，它是婺源的一个标志性景点。而建在这里的彩虹桥，便于两边的商旅、居民往来通行。"两水夹明镜，双桥落彩虹。"彩虹桥全长140米，桥身宽7米，五孔六墩，桥墩都是用长短不一的条石砌成的，桥墩的间隔距离也不完全相等，据说是在建造前，根据洪水主流量流经的位置，反复比对而确定的。每个桥墩上都建有一个亭子，每个亭子以及回廊都是相对独立的，不会因为一处损坏而影响到整座桥的使用。长140米、宽7米的桥身和桥上错落有致的11座阁亭，使彩虹桥宛如彩练，横亘在婺江之上。这一壮观的廊桥内设有石桌、石礅，供南来北往的过桥人歇息，静坐其中，不仅可以使劳作的人们得以暂时解除疲劳，更可凭栏远眺远处的青山白云，倾听婺江的涛声。在古代，彩虹桥的东岸是婺源的核心地带，西去的古驿道通往浮梁、景德镇、饶州府，经此东去北上可达徽州府歙县。因此，彩虹桥是古驿道上的一座重要桥梁。徽州古桥多采用船形桥墩，可减少水流对桥体的冲击。彩虹桥的桥墩就是船形的，朝向婺水上游的一面，像船尖，俗称"燕嘴"；向着下游的一端就很平整，显得牢固。修建彩虹桥前后花了四年时间，竣工当日，彩虹挂空，所以就叫彩虹桥了。也有人说，彩虹桥的名字是取自唐诗中的，这首唐诗写道："两岸夹明镜，双桥落彩虹。"诗中所提到的"双桥"就是指彩虹桥和其下游的"聚星桥"。据记载，唐代这里就有木桥了，南宋年间改为了石墩木梁廊桥。不知道是桥入了唐诗而更有生气，还是唐诗让桥更有美名。彩虹桥上有副嵌字联："清景明时彩画长辉唐旧邑，华装淡抹虹桥常映小西湖"。清华镇和彩虹桥、小西湖的名字，都被巧妙地嵌进了上下联。桥上的楹联，通常多见刻于两边的石柱上或者悬挂的木板上，内容多是描述桥的位置、环境、特征、气势，以及建造者的业绩等。

七、湖北省、贵州省、四川省廊桥现状及分布

（一）湖北省

主要分布地在湖北咸丰、黄梅及咸宁等地。分布民族：主要为汉族，80%，另外20%为土家族廊桥。廊桥主要为石拱桥，比如刘家桥，十字路桥为石墩木简支梁廊桥，群策桥为木撑架拱加木伸臂梁廊桥。桥屋间数为3、5、7、10间不等。孔洞有1、3、4孔洞。

廊桥实例：5座（见图）

（1）名称：灵润桥

时代：元至正十年（1350年）建

省市：湖北省

位置：黄梅县双峰尖（破额山）西岭半山坡上

孔数：1

结构类型：石拱

桥屋：10间

概况：灵润桥为禅宗四祖

(1) 灵润桥

寺景区内单孔石拱桥。长20米，宽6.1米，高4.9米，跨径7.35米。桥面建有长廊式主柱框架木构长轩。桥下山谷小溪，在溪床不盈10米的石岩上，有唐代柳公权书刻"碧玉流"三字和清光绪年间（1875—1908年）南阳布衣邓文滨题写"泉"字等石刻。此间景观被称为"西北碧玉"。

(2) 名称：官埠桥

时代：明末

省市：湖北省

位置：咸宁官埠镇

孔数：3

结构类型：石拱

桥屋：7间

(2) 官埠桥

概况：据清同治五年（1866年）修纂《咸宁县志》记载：官埠桥"有亭有镇，港通江湖，商舶所萃"，系县东部各地苎麻、土纸外运之孔道，通山百姓亦多来此购置日用百货。官埠桥桥孔呈拱形，高5米，桥墩呈菱形，高4.5米，宽4.5米，桥长21米，桥面宽6米，高出地面0.6米，都是用青石板建成，结实坚固。桥面上有长廊，木梁瓦顶，两侧有 7 间桥屋共 14 条供游人小憩的长条木凳，远望雄伟壮观。官埠桥，明末修建。古代，桥下官埠河直通长江，行船方便。

（3）名称：万寿桥

时代：清道光二十六年（1846 年）

省市：湖北省

位置：咸宁桂花镇

孔数：3

结构类型：石拱

桥屋：20 间

概况：万寿桥位于万寿桥

（3）万寿桥

村与石鼓山村之间的白沙河之上，距市区约 13 千米。总长 34.4 米，三孔跨径总长 32.4 米，宽 4.8 米，高 6 米。桥墩两座，呈梭形。东西桥头建成拱形门。东桥头拱形门正上方用水泥抹了一块稍稍凹进的平整的长方形，长方形水泥板上自左而右阴刻繁体的"万寿桥"三个大字。整个桥门形状酷似从前南方的老式房屋的正门，让人一上桥头，恍若走近一座古老的宅第。东西桥头的拱形门两侧都有门廊，桥两侧各竖亭梁 9 根，门廊与亭梁都用青砖砌成。桥亭顶部脊檩与椽子全用木条，桥顶呈人字顶，以小青瓦覆盖。桥面全用大青石无浆干砌。东西桥头的门廊与 18 根亭梁将桥分为 20 间亭廊，每侧 10 间，左右两相对称。廊桥两边都建有木护栏，护栏内横置着青石条凳，以供行人憩息。桥梁上有一块大石，"道光贰拾陆年建修"几个大字清晰可见。170 多年来，此桥历经风雨，多次重修，最近的一次修复是 1968 年 6 月。

（4）名称：白沙桥

时代：始建于明代

省市：湖北省

位置：咸宁桂花镇

孔数：3

结构类型：石拱

桥屋：14 间

概况：咸宁咸安区桂花镇白沙桥始建于明代，距今已有 500 多年历史，与万寿桥和刘家桥并称为咸宁三桥。

(4) 白沙桥

(5) 名称：刘家桥

时代：建于明崇祯三年（1630 年）

省市：湖北省

民族：汉

位置：咸宁桂花镇

孔数：1

结构类型：石拱

桥屋：7 间

(5) 刘家桥

概况：刘家桥是汉高祖刘邦的同父异母小弟楚元王刘交后裔刘元牙

始建。刘家桥，飞架白泉河上，独孔，拱形，垒石而成。桥上盖有廊亭，廊亭内梁雕有龙凤八卦图，青瓦盖顶。两侧桥身用青砖建起两米高的方孔花格拦护墙，墙内置有长凳。昔时，桥东头设有炉灶和木制茶桶，一年四季，村民轮番烧茶水，免费供行人饮用。河沿店铺与廊桥形成曲尺形，可供吃、住、购物。古代和近代，这里是通山、江西通往咸宁、汉口的必经之路，廊桥热闹非凡。

刘家桥地区现存保存完好的四处明清古民居群落，大小房间共2000多间，古朴典雅，疏密有致，融青山、秀水、翠竹、古树、栈道、廊桥、田园浑然一体。刘家桥的先祖们，自汉高祖刘邦始，曾历主四朝（西汉、东汉、蜀汉、南朝宋），先后共有36位皇帝，统治中国达511年，占整个封建王朝四分之一。刘邦幼弟，西汉楚元王刘交，又被封为"彭城王"，是为刘家桥人的封王始祖，由他而始，传承至刘家桥已有八十一代。现刘家桥刘氏皇族后裔近9000人聚族而居，自然而然形成一个庞大的群体。

（二）贵州省

主要分布地在从江、黎平、锦屏等地。主要分布民族为侗族。建设年代主要为清代。就廊桥特点来说，廊桥单孔的比较多，也有两孔的。主要为木伸臂廊桥，少数石拱廊桥。

廊桥实例：3座（见图）

（1）名称：地坪风雨桥

省市：贵州省

民族：侗族

时代：始建于清光绪八年（1882年）

位置：黔东南黎平县

孔数：2

结构类型：木伸臂

概况：位于贵州省黔东南黎平县的最南端的地坪风雨桥始建于清光绪八年（1882年），2001年被国务院列为全国重点文物保护单位，是贵州省侗族

(1) 地坪风雨桥

风雨桥建筑中唯一的国家级文物保护单位，与鼓楼、侗族大歌合称侗族三宝。地坪风雨桥全长57.61米，横跨南江河，自古即扼控通往广西的孔道。桥上有三座楼，整桥不用一钉，没有钢筋水泥，没有设计图纸，仅凭侗族民间工匠的高超技艺建造而成。桥中有楼，楼中设廊，廊楼有画，画中记载着侗族人民生活习俗和侗族民族英雄传说。

(2) 名称：锦屏风雨桥

省市：贵州省

民族：侗族

时代：2000年12月28日始建

位置：锦屏县

孔数：4

(2) 锦屏风雨桥

概况：锦屏风雨桥于2003年5月竣工，历经工期两年半，是目前全国第二长的风雨桥，风雨桥由石拱桥和木制风雨楼两部分和谐组成，独石拱桥桥长148米，宽6.1米，高16米。有3墩2台、4拱，拱跨度30米，采用"打岩塘"青石砌筑铺面。由黔东南州交通工程公司赤溪坪风雨桥工程项目部施工。

（3）名称：同德桥

省市：贵州省

位置：黎平县

孔数：3

结构类型：石拱

概况：同德风雨桥位于贵州黎平县境内，拥有上百年历史，她与侗族其他风雨桥一样是侗族文化的象征之一，已被国家列为非物质文化遗产。

（3）同德桥

（三）四川省

主要分布地在酉阳、清影、秀山、奉节等地。主要分布民族是土家族。建设年代主要为清代。

就廊桥特点来说，廊桥单孔的比较多，偶有两孔的。主要为木简支梁，木撑架拱木伸臂廊桥（如回龙桥）。廊屋5、6、9间不等。

廊桥实例：4座（见图）

（1）名称：都江堰南桥

省市：四川省

时代：建于清代

位置：都江堰宝瓶口附近的岷江内江上

概况：都江堰南桥是一座廊式古桥。南桥的桥门飞檐彩绘，看上去就像是一座古色古香的楼阁。桥下奔涌着千年不息的岷江水。雕梁画栋的桥身和桥外不远处的如画秀色都会让人在不知不觉中驻足而立。都江堰水利工程不可不看，离堆、玉垒关、二王庙、飞沙堰、挂满同心锁的安澜桥，每一处景点都有着动人的故事，历史和美景同样让人回味。

(1) 都江堰南桥

(2) 名称：回龙桥

时代：始建于清同治十年（1871年）

省市：四川省

民族：土家族

位置：清泉乡

孔数：1

桥屋：9间

概况：回龙桥为一座廊桥，桥长32米，宽4米。桥上九间

(2) 回龙桥

瓦房，两侧是木栏杆。这座大桥从桥下25米跨度的木拱，到桥面上的柱梁、地板和两侧的木栏杆，竟没有一颗铁钉或螺丝，全部用公母榫配合固定。它历经120多年的风雨，至今仍完好无损，是古建筑中的上乘之作。

(3) 名称：五福廊桥

时代：始建于元末明初

省市：四川省

位置：绵阳市安县

孔数：单

结构类型：木简支梁桥

屋顶形式：歇山

概况：五福廊桥位于安县千佛山国家森林公园晓坝五福村，坐落于绵阳市安县晓坝镇五福村老脚岩下约300米处的晓茶河上。五福廊桥，又名双木桥、高桥、姐妹桥，是回廊双桥。因双桥首尾相依，形同姊妹，故称姊妹桥。它始建于元末明初，清同治十一年（1872年）重修。姊妹桥横跨于茶坪河上，南北向，为木平廊桥。因桥分两段建造，两桥之间又以天然巨石相连，像一对孪生姊妹，故称"姊妹桥"。两桥共长约50米，距河床高约10米，宽4米。桥上建有桥楼。

五福廊桥始建于元末明初，时为石桥，后改建为木桥。清同治十一年（1872年），乡人自愿捐资捐料，修建成了今天人们看到的风雨廊桥——五福廊桥。桥身高3.5米，宽4米，长18米，全部由10厘米粗的原木并排密集为梁，上面铺设桥板，经久耐用，非常结实，人字房架的桥身，全系穿榫而成，盖上小青瓦，桥的两端建有两叠水的牌楼，向北面的牌楼正面中间雕有双凤朝阳的浮雕图案，两边挑坊上刻有卷草花纹。桥的南端正中刻有二龙抢宝图案，桥上的金公柱刻有云纹雕花，造型优美，十分古朴深厚。

(3) 五福廊桥

(4) 名称：龙华廊桥
省市：四川省
位置：秀山县
结构类型：木简支梁桥
概况：龙华人把廊桥称为凉桥，此桥是昔日宜宾龙华乐山的重要交通枢纽，桥上筑瓦屋形成长廊。桥身为木石结构，坚固耐用而且体量较大，桥长36.74米，宽4.32米，河底至桥面高4.7米。桥柱为石质方形，4列8根，前置4根菱形分水石柱，可抵御夏日山洪爆发时洪水的冲击。桥基坚固，加上通廊覆盖，勇武坚强又不失纤丽轻柔，廊檐亭阁呈现向上飞动的轻快，韵律生动。廊桥还具有民间祭祀功能，桥廊阁楼上供有神像，是最独特的桥文化风俗，佛经中说："广度一切，犹如桥梁。"

(4) 龙华廊桥

第二章

代表性传承人——吴复勇

第一节 大师简介

出生于浙江省庆元县大济村的吴复勇,是一位廊桥传承人,1955年生,只有初中学历的他,是如何成为一个全县全市乃至全国都知名享誉的民间工匠艺人的呢?

历年来他获奖无数:2005年制作的木拱廊桥等四座模型被县博物馆收藏;2007年制作的微型廊桥模型参加了上海市农业博览会展示;2008年被庆元县人民政府授予民间艺人称号;2010年参加四川省青川县援建项目,新建的丽石廊桥、廊亭得到了四川省领导的肯定与好评。同时,吴复勇的

廊桥守护者吴复勇

精湛技艺和先进事迹还先后在中央及各省市电视台中报道播出。他还荣获2010年度全市先进单位及个人受到表彰，荣获丽水市农村实用人才"十大杰出人物"殊荣。

吴复勇用他几十年如一日、致力于"木拱廊桥传统营造技艺"的研究与实践向我们诠释着中国工匠精神。

十六岁，结缘廊桥

"一村廿六进士，大济举世无双。舅甥同登，兄弟同榜；四子同科，双桂联坊。李刚宋瑞之德馨，贤母尚教；临清莆田之桥立，水口呈祥。勤学尚贤，终能功成名就；出将入相，然后匡世安邦。非惟风水之力，更耀善育之光也。"这是著名辞赋家、散文家苏绍康先生为庆元大济村的双门桥作的桥赋，传说大济村人才济济，人杰地灵，正是为了纪念这样的宝地，当时的乡亲们才修建了这座中国现存史料记载时间最早的木拱廊桥。

双门桥

双门桥

双门桥原名临清桥，东西走向，全长11.15米，净跨10.2米，拱高5.2米，面阔4.35米，有廊屋5间。而正是这座离吴复勇家300米左右的廊桥，给当时年幼的吴复勇的心里带来了不可磨灭的震撼与憧憬，也促使吴复勇走上了营造和修复廊桥这条路。

吴复勇从事传统木拱廊桥行业可以说是受家族影响，祖上四代都曾经从事廊桥营造和修复，他的父亲吴太荣，是浙南闽北一带有名的木匠师傅，带过11个徒弟，有一手造廊桥的好本事，曾经主持、参与庆元县多座廊桥的修复工程，他建造的廊桥远至福建建阳。

16岁那年，吴复勇因兴趣使然还有养家糊口学手艺的原因开始跟随父亲学习造桥技术。"那时，村里的双门桥出现残破情况需要修补，父亲是修桥中的一员，那也是我第一次看到如何修补廊桥。"吴复勇说，木拱廊桥的构造采用斜撑式构架，整座桥不用一钉，全用榫头连接，修补也要特别注意方法，不然会影响桥身的稳固。

这一修，就用了近一个月。在这期间，吴复勇认识了修桥的工具，也领略到了古人精湛的造桥技术和聪明才智，平日里开始有意识地研究和观察尚存木拱廊桥的构造。"我对双门桥有特殊的感情，是它带我走入廊桥的世界。"可以说对廊桥的启蒙就是双门桥给他的，因为双门桥离家最近，吴复勇对双门桥接触的时间也是最长的，学习的时间也最多，双门桥里的一梁一木，他都了如指掌。

十九岁，独当一面

19岁，可以说是吴复勇事业的一个起步，也是他这一生将和廊桥发生一系列故事的开篇序幕。凭借着对廊桥的热情和兴趣使然，吴复勇用三年便在父亲那里完成了廊桥的基础"学业"，当时年仅19岁的吴复勇出师之后便带着三个徒弟到福建省开始从事廊桥建造维修工作。

"廊桥真的是古代人智慧的结晶，越接触廊桥，这样的体会就越深刻，特别是看着廊桥在自己的手上完成，那种自豪感，与日俱增。"吴复勇说。

在福建的那两年造桥过程中，吴复勇和三个徒弟边看边学，累积了不少实践经验，对于造桥也有了更深的体会和自己的一些心得。

1983年，由于风吹日晒以及人为保养不善，咏归桥岌岌可危，桥柱出现了裂痕，甚至廊屋的屋面也出现不同程度的破损，风雨板出现了风化，维护如果不及时有效，十分可能出现廊桥毁坏、倒塌的危险。

这时，吴太荣和吴复勇两人接下了咏归桥的维护工程。在经过实地查看后，他们带了四个徒弟，开始修复咏归桥。

这是一个浩大的工程。"不仅屋面和风雨板需要全部更换，连桥内的柱子也有好几根需要更换,更别提那些需要修复的小地方了。"吴复勇说,咏归桥是他和父亲修复的第二座廊桥,看着父亲细心地修复着桥体,他下定决心要将廊桥的工作进行到底。

屋面翻新、风雨桥新装、桥柱更换……经过6个月的修复,咏归桥焕然一新。也正是这次修复,让吴复勇产生了保护县内廊桥的想法,在这之后,他先后参与了如龙桥、来凤桥等廊桥的修复工作,更加用心地投入到廊桥保护中……

五十二岁,重建蒙洲桥

庆元县境内曾经有一座蒙洲桥,在元代(1264年)建成后,曾几度被毁。2005年,庆元县后坑桥荣获了联合国教科文组织亚太地区文化遗产卓越保护奖,颁奖典礼定于2007年举行,消息一传出,在庆元掀起了一股廊桥热。正是在这样的背景下,群众要求重建蒙洲桥的呼声越来越高,这也引起了当地政府的高度重视,最终决定在县城边的松源溪上重造蒙洲桥。

蒙州桥

"那会，知道要重建蒙洲桥，我就开始准备了，希望能够参与进来。所幸，最后机会没有流失。"对于要重建蒙洲桥的消息，吴复勇很重视，早早地就开始着手准备相关资料，查阅古籍和相关书刊，参考其他廊桥修建，用时四个月做成了蒙洲桥的模型。

"但庆元都有几十年没有建过廊桥了，工艺基本都失传了……"吴复勇说，有两个难题就令他费了好大的脑筋：第一，蒙洲桥有三个拱，相比于一般只有一个拱的廊桥，蒙洲桥的跨度非常之大，所以，"零误差"是对这座桥修建之时最基本的要求，每根材料的尺寸、大小都必须十分精确。第二，蒙洲桥年代久远，既然是恢复那就必须采用传统工艺，整座桥一根铆钉都不会出现，技术难度直线提升。如此庞大的工程，如何顺利实施？吴复勇又开始下功夫做起了功课，不停地实地考察，查阅资料。在修建过程中也是和工人们一根材料一根材料地计算，然后进行搭配构架，为了做到木头和木头之间几乎看不出缝隙的程度，有时装一根木头，就要花上几天时间。历时660多天，耗资953万元，全长114.37米、桥面宽5.4米、有39间廊屋的蒙洲桥顺利落成，成为我国现有最长、跨度最大的仿古木拱廊桥。也正是这次实践，让吴复勇名声大振，成为名副其实的廊桥师傅。

五十四岁，灾区建桥

"能往四川灾区援建一座具有标志性意义的廊桥，这将是我一生最大的骄傲和光荣。"2009年12月14日，吴复勇应丽水市援建四川灾区指挥部的邀请，前往丽水市对口援建的青川县石坝乡造廊桥。在受命以后，他还邀请当地的三位木匠一同前往青川，去完成这项光荣的任务。

2008年，汶川大地震后，吴复勇随着丽水援建队到了四川省青川县石坝乡，除了完成对当地的古桥、古建筑保护修复外，还用了6个月时间，在当地修了一座红石廊桥。这座桥全长29.08米。考虑到木质桥梁结构不适应当地的潮湿气候，桥拱采用钢筋水泥结构，而飞檐斗拱的廊屋则完全按照古法设计。2010年5月底，红石廊桥落成，它将亭、廊、桥连成一体，从而形成一条廊桥景观带，这也成为"丽水援建"的一个标志。

仅仅靠四个人，就能造桥建亭，当地老百姓曾一度表示怀疑。然而，2010年春节前，当一座有6.5米高、全部由木头搭建而成的六角亭雏形矗立在石坝乡入口处的山顶上时，灾区的人们无不竖起大拇指，连连称赞浙江丽水的廊桥师傅有能耐。

六十岁，造桥模继传承

吴复勇的家就像一个迷你的廊桥博物馆，院落中各种按比例缩小的廊桥模型四处摆放，就连房间里也摆满了许多。见惯了许多座真实的廊桥，猛然看到让都市人惊艳的微型廊桥，就连模型上最简单的刻花横梁

吴复勇在做廊桥模型

都在震撼着人们的心房。

吴复勇廊桥模型工作室

吴复勇是庆元县很出名的木拱廊桥修复专家，在几十年和木拱廊桥打交道的过程中，对木拱廊桥可以说是了如指掌。而他制作廊桥模型的精致程度让笔者惊讶。

吴复勇廊桥模型

采访中，吴复勇让笔者对古代的木拱廊桥的知识有了更深认识，古代的木拱廊桥完全是靠木头之间的咬合和搭契堆建起来的，而且没有一根钉子，所以，吴复勇所做的这些木拱廊桥的模型，也是不采用一根钉子，但是他这些模型做出来却非常精细。在这些廊桥模型中，最细的材料几乎和火柴棒的粗细相当。

在院子里，放着一座有着密密麻麻斗拱的廊桥模型，这座廊桥光中间斗拱数量就有2600多个，为了真实再现古代工匠造桥工艺，吴复勇说这座廊桥模型他做了整整一年。

吴复勇用一把筷子搭起了一座"廊桥"，让在场的人们惊讶不已。

廊桥结构模型

这么多年对家乡廊桥的研究，让吴复勇成为了一个"高人"，他没有深奥的关于廊桥的学术理论，可是，却对制造廊桥的每个细节都有"实践考证"。

当今，人们如果想要复制一份文件，可以借助复印机，但如果要你按一定的比例将水面上的廊桥进行复制，技术要求非常严格，在一般人的眼里，这是一件没有人能完成的任务。然而，吴复勇像一个"人形3D打印机"一样做到了，而且做得非常精美。

吴复勇在重现蒙洲桥以后，还实地勘察了庆元县境内保存较为完好几处廊桥，30多个各式各样的廊桥模型已从吴复勇手中诞生，最长的有2米多，最小的只有5厘米。其中，如龙桥、蒙洲桥、咏归桥等的模型作品，分别被庆元廊桥博物馆、四川省青川县博物馆收藏。

其中制作桥模难度最大的应该要数位于庆元境内的全国重点文物保护单位如龙桥，这是全国现存寿命最长的木拱廊桥。该桥的廊屋里楼、桥、亭三者合一，如意斗拱层层叠加，像一朵朵盛开的莲花，造型巧夺天工，全国独一无二。

先别说是要复制整座桥，就是要复制这里面的斗拱也不是一件容易的事，按比例经过微缩后的小木料，大小仅有3毫米，制作起来如同绣花。面对这样精致的一座廊桥艺术品，吴复勇克服重重困难，竟然将上千个零部件毫厘不差地粘连在一起，这让所有见到桥模的人叹为观止。

"他这个人，做起事来很有耐心。凡事只要他下定决心做，就会义无反顾一心一意地去做。他只要一开始做新的桥模，那段时间每天晚饭以后，就把自己一个人关在房间里，有时连手机都不开，反复地去琢磨和思考，有时还会做到天亮。一个桥模往往要做上好几个月，但他从不会放弃，一直坚持到结束为止。"吴复勇的妻子这样评价丈夫。

"我之所以要制作廊桥桥模，不仅仅为了再现廊桥技艺，方便人们观赏分散在各地的廊桥，更重要的是想让庆元木拱廊桥走出大山，能为后人研究廊桥留下一点儿资料。"对于现存木拱廊桥今后的命运，他一直比较担忧。因此，他觉得自己作为廊桥技艺的传承人，有责任和义务做点儿事情。

发扬文化，流传手艺

吴复勇自称是个慢性子的人，而正是这种慢工出精活儿出细活儿的精神和性格，让吴复勇静下心来，摒除杂念，成长为一代廊桥大师。"现在我一年最多修六座桥，有些年一年只修建一座木拱廊桥，耐下心来才能把活干好。"吴复勇说。

"其实，我做这份活并不能赚多少钱，重塑廊桥，重振文化，才是我们廊桥工匠的出发点。"吴复勇说，如今，廊桥已经成为了庆元的名片，很多外地游客慕名而来，这是大财富。

留学海外的女徒弟

2012年年末，"文化工匠"吴复勇收了第一位身居外国的女徒弟。她是留学德国慕尼黑工业大学的在读博士生刘妍。她在吴复勇的帮助下完成了德国第一座廊桥模型,吴复勇备感欣慰。

得知庆元县要以古桥、古村、古道、古树为基础,挖掘"古文化",打造"古文化"集群,吴复勇提出了自己的廊桥梦:让古桥成为庆元旅游的"代言人",让更多人知道庆元有廊桥这一千年瑰宝。

2015 年 9 月,吴复勇受 CCTV–4《中华文化传承人》节目组邀请参加"中华传承人大会"

讲好廊桥故事,传承古桥文化,"造血"美丽经济,吴复勇说,这是他一生的追求。

"我热爱建造廊桥和桥模,只要还能动,我就会继续建造廊桥和桥模。现在能有年轻人把这门手艺传下去,延续我的廊桥梦想,我很高兴。"吴复勇说,他期望能有更多欣赏廊桥的人,加入到廊桥技艺的传承中来。

第二节 口述实录

问：您是从什么时候开始接触廊桥的？是什么情况让您对廊桥产生了兴趣，并且开始学习它？

吴复勇： 首先呢，我们家族四代都是做木匠和修桥的，我的父亲就是廊桥手艺人。在16岁那年，我第一次跟着我父亲接触了桥梁，当时我和父亲做的是那种草桥，还不是木拱廊桥。在我第一次和父亲学着制作廊桥的时候，我就觉得非常奇怪，为什么周围的木匠师傅都是在建房子而不是廊桥，当时我对廊桥兴趣度不高，没什么想法。1970年，我和我父亲是第一次修复一座廊桥，这座桥突然被水冲掉了，我们农村没有桥，要过河是非常艰难的，后来，我父亲叫了五个师傅加上我修了几天把这座桥修好了。那时我才18岁，从那天开始，我就对修桥铺路行善积德这个事情有了一个责任感。从小我父亲就教我做一件事情要坚持，这个就是我的家风。

第二次建桥是父亲带我到福建一个叫松溪的地方，距离我们这里有三四千里路，当时我父亲年纪也比较大了，我们乘坐摇船到了那里。松溪那个地方也有一个小桥，这个小桥也不是那种木板桥，下面也是用木头搭建起来的，我们就觉得这个技术很好，但是当时大家对廊桥还不是很重视，没有资金去维护廊桥，我们就一起帮着开始建造维修。那个时候我跟着父亲建造廊桥之后，才发现和我开始做的完全不一样。当时我感到对这类桥梁非常有兴趣，内心就希望将来有哪一天，是不是也有人邀请我去建造大的廊桥。

前期经过是这样的，一直到1983年我们县城要建永和桥，永和桥比一般的廊桥看起来样子更好看。当时我们只是听说这座桥要倒掉了，经历风吹雨打要腐烂掉了，县里也没有人去修。1982、1983年的时候那里要建旅游风景区，有几个领导就考虑到这座桥肯定要维修，不能修起来就太可惜了，最后他们就去找师傅，也不知道谁会修，当时我父亲专门做椅子，就在福建或者本地，但都是在乡下做，熟悉的人也不是很多。后来，县里面就跟我父亲讲了这件事，我父亲也同意了，这确实得感谢我父亲，能把这座桥修起来。那年是我和我父亲一起做的，他给我写了封信，让我来一起修这座桥，这其实还是一种新生事物，这种桥虽然我们做过，但是维修的经验很少。那时候我也很年轻，我们就一起去做了，如果年纪大了，也不方便了。

开始修桥以后，我学到了很多东西。首先，它的建筑风格就不一样，下面用了13根木头，一般的是7根、9根，这个就用了13根，那么当时我们在那里修的时候就强调要这么修。每个造桥师傅的风格不一样，我们要认真去学习，认真去研究这座桥，才能够真正去建这个桥。我们当时修的那座桥下面基本上是翻新不了的，于是只能拆掉；屋面凡是有些被风吹雨打腐烂掉的、不适合继续留着的，我们都全部进行调整。当时维修用了二十多万元，那时候也不像现在成立了相关部门维护这些文物，不知道怎么修缮，维修的难度还是比较大的。

从那次修桥后，我就喜欢去探索研究庆元的廊桥，我们庆元的廊桥很有特点，我发现每个庆元廊桥风格都不一样。我就带着疑问去问一些风水先生，他们都说这个桥不仅仅是一个桥，它里面包含了很多行业知识。这座桥建好，风水会好起来，桥梁选择的位置不同也会有不同的讲究，所以，每个廊桥的设计风格都不一样。有些廊桥上面做钟楼，钟楼有三层，三层上面挂一个大钟，这个大钟有什么作用呢？一些老大爷会和我们说，比如村里要召开会议就敲钟，敲几下就代表我们村里要召开什么会议，或者进行一些预警。我当时就在想敲钟为什么会这么神奇？文化的影响竟然这么深刻。传说以前有个村子里一男一女总是吵架打骂，有了廊桥以后，他们就谈情说爱成了一对夫妻，廊桥可以维护整个村的气氛。

现在大家都比较重视，近几年，我经常到外地外省去新建廊桥，所以，廊桥我们要继续坚持下去，努力创新，包括我们这一代人更要注重自己的观点，去教育一些小辈传承中华优秀文化。

问：您觉得廊桥传承下去的难点在哪里？

吴复勇：从这件事情来说的话，我也对我徒弟和其他人说过，我们不管是什么时候，不管社会发展到什么时候，我一直都有这样一种想法，作为一个非物质文化遗产，廊桥我们要真实地传承下去，一直做下去才有价值。如果说你有点儿水平也好，有点儿技术也好，什么东西都给它改掉，和现代化的桥梁一样，我觉得就失去了应有的传承价值。现在很多专家学者，特别是国外那些高层到我这里来采访，问我这些问题，我都说我现在最注重的就是这一点。

目前，中国的历史文化和非物质文化遗产的传承保护越来越难，要把我们的廊桥放到联合国教科文组织里面去，一直发扬传承，并且具有一定的地位，还有年轻的这一批人如何去坚持、去维护、去传承，这些问题真的很难。现在我只要有能力，大家向我咨询廊桥相关的技术手段，我都会一一地给他们讲解，怎么样去建造廊桥。现在廊桥的传承人不是很多了，光靠宣传还是不够的，还是需要用我们实际行动去传承廊桥。

问：您印象最深刻的廊桥是哪一座？

吴复勇：2017年6月，中央电视台的《我有传家宝》节目邀请我过去，有一期是以廊桥为代表。我们大济村头的河中间有个双门桥，我的老祖宗吴崇煦在宋代一直很崇尚教学，他的两个儿子都中了进士，一门双进士，我们村里为了发扬这种精神，就造了双门桥。当时中央电视台决定把我这些东西带回去的时候，说你这个一定要有证据，没有证据不能乱宣传。这座桥是我们这里唯一一座有文字记载到现在的廊桥。

2017年6月，吴复勇参加CCTV-1《我有传家宝》节目

问：廊桥在选材上有没有什么特别的要求？

吴复勇：有的。目前，廊桥在中国有八个县市分布最密集，也是材料最多的地方，我们祖上都是当地取材当地建。材料选择是非常讲究的，我们一般用的都是杉木，一般冬季的杉木最好，干燥度最高。以前祖辈们造桥对这个木头要求非常高，他们一定要先砍下来放一年，一年之后才会用这个木头去建，和现在不太一样。

一般木头砍下来先把它晾干，干了之后再去选，根据木头的笔直度和年轮挑选。我们选材的时候，最小的桥一般都要10到50年的木头，大一点儿的桥最起码要60到70年，但是现在这种木头很少，都被国家保护。此外，为了保护廊桥的材料，我们会设定一座山，专门取材用来做廊桥，叫作"桥山"，其他任何人任何时候都不能到山上砍木头，这个木头只能用于建桥修桥。

砍木头的时候我们还要挑选特定的日期，按照这个日期才可以上山去砍木头，然后要去拜土地神庙，我们鲁班师傅上山砍木头的时候还要念唱一些诗句，也要烧香火。

问：如果合适的杉木找不到，有没有一些可以替代的材料？

吴复勇：过去，如果我们自己当地找不到的材料，就到附近几个地方去找，当时都还可以找得到。但是现在来说，我们自己也做过好几个地方的廊桥，也听说有些桥用替代材料的方式建造。

替代的方式目前就是两种：一种还是继续寻找指定的杉木，比如我现在自己做的廊桥，基本上我们就需要3000条到5000条杉木，我们还是要按照规定要求使用杉木，就算再难找、再不好找，也得到其他县去寻找，我们要求他们必须找到。还有一种就是用其他材料替代。材料里面还有个油桃木可以替代，不过，现在我们这一带比较好的油桃木很难找。油桃木比较硬，适合建造廊桥，但是油桃木的长度没那么长，所以，不太好找，也很难采购。还有些地方用进口材料替代，进口材料比较好，但是一般价格比较高，而且用进口材料代替，我总感觉廊桥缺少了其应有的感觉。

一般我们团队造桥的时候，即使材料再难取，我们也尽量去寻找材料。比如2018年5月份，我们在福建省政和县做成了目前建成的最长的一座廊桥，总长43.6米，木头全部是用我们自己选的木料，最长的木头长度达到了16米，口径达到24厘米，全部在当地取材，整个桥都是使用当地的本土木材，颜色非常统一，这样就很清晰，很好看。所以，现在要建一个好的廊桥，材料这关确实挺难。

问：现在廊桥的制作工具和以前有什么不同的地方？

吴复勇： 那些已经二十七八年三十年的桥，我们还是按古老的木工做法去修复，包括使用的工具等等。但是现在，为了提高效率、省力，我们也会使用现代的机械工具。不过，还有个情况。像现在六十多岁七十岁的师傅对电锯之类的现代机械工具用不习惯或者不敢用，还是喜欢用以前的传统工具。廊桥的建造工艺想要传承延续下去，还是需要能吃得起苦。

问：廊桥的选址有什么要求？

吴复勇： 像我们这代啊，几个县城都在建廊桥，在几十年甚至几百年之内，很多廊桥都被冲垮掉了，我们的社会在发展，在我们的能力范围内很多地方都建过桥。但是几十年几百年之后呢？怎么很多桥都流失掉了？怎么没有人延续去做呢？近几年随着时代发展，我们自己都奇怪我们这些桥是怎么做起来的。

有的地方没什么大的变革，都还是在老位置上修建新的桥，但是有些老位置长时间经历泥石流等灾害的冲刷，整个地质是有变化的，所以，我们现在对地质要求特别严格，不管你建的那座桥桥端看起来怎么样，都要做地质的勘察，古时候没有这些先进的工具，就没办法勘察。

2018年我们造的最大的一座桥，咨询当地村主任，村主任说他们那代人1960年到1970年的时候，整个村就想建这座桥，但是当时没有车辆、工具、挖掘机，地基很难做，桥容易被水冲走，所以，最后没有一个人敢去造桥，古老的桥墩一直倒在地上，没有人敢接。当时我就和村主任说，现在科技也进步了，我们可以让设计人员一起计算一下结构情况。后来村子一直觉得这个难度大、资金不足，我就提议不管你现在建或者以后建，桥梁的基底一定要坚固，不坚固怎么建上去都不牢固。所以，我提议可以用挖掘机把一边先围好，然后用铁锤打到地下，一直打到有硬度的地方，如果都是空的，那么这个地基肯定就不行。后来用这种方式打下去，打了五米多深才打到硬的地基。村主任当时就感叹过去哪有这么多的工具与财力，没有人可以想象这种河道可以建桥，没有人尝试过这么大的廊桥施工。相对而言，建造小桥或者修复一些旧桥反而比较简单。后来在施工过程中，我们克服了很多困难，所以，对待造桥，我们必须有责任和信心去建造，责任重大。

问：维修廊桥的过程有哪些难点？

吴复勇： 维修廊桥首先要看这座桥的跨度，哪个部位需要修复。比如三节苗需要修的话，难度就比较大，因为三节苗是桥拱最下面的结构，也可以说是底部最受力的一个部分，它上面承载的重量最多，根据现在一座桥上面的建造材料和工程程序来说，比过去增加了很多的重量。比如一个瓦片现在比过去增加了一倍的重量，所以，它承受量和之前都不一样，这个时候我们修复和建造就需要正确把关，不能凭感觉制作，需要各方面的勘测，监测地基有没有变化，水流有没有变化，等等。

记忆犹新的是2017年的时候，我们有几座廊桥像文兴桥等三座古老的廊桥被洪水冲垮，学者专家分析了之后发现整个桥原来的结构计算就有问题，后来造成了一头高一头低下来，一直保存了大概六七十年，后来被水冲掉是因为它本身质量上也不牢固。所以,我们都需要吸取经验教训,保质保量地完成廊桥的建造。还有一点,就是现在的人们喜欢占有土地,把河流从大变小,也导致了洪水来临时,河流的冲击力增大,也是冲垮旧桥的原因之一,我觉得需要大家一起注意保护旧桥,维护廊桥遗产。

问: 在您自己所建的廊桥中,您最满意的是哪一座?

吴复勇: 最满意的是泰顺龟湖那座桥。那是 2012 年时我在那里建的,那个时候是他们那边一个老总,直接来请我过去,这个老总也是从网上看到了我的名字,然后通过廊桥博物馆联系到我,让我去做。整个桥承受力度和外观还是比较好的。那个老总经常和我探讨,彼此沟通。那座桥被别人夸赞之后,陆续地泰顺那边很多人找我建桥。我现在在做的新山那座桥比龟湖的还要大,但是它资金紧缺,时间比较久了,今年应该可以做完。

除了这些,在 2008 年下半年青川地震援建的时候,丽水市指挥长说援建意义重大,最好可以建造代表我们丽水特色的文化建筑,给灾区老百姓送一份独特的新年礼物。当时,刚好青川那边一个乡,有一条河,一直都没有桥,地震把桥冲垮了。当时我提建议把我们的廊桥建造过去,领导听了觉得很不错,一直夸我这个想法很好。后来,我们一共去了十个人,十个人大概不到一年半的时间,把廊桥建造好了。这座廊桥位于青川县石坝乡的红石河上,名为红石廊桥,全长 29.08 米。先在附近的山头上建亭,再依照山势修起连廊,最终亭、廊、桥连成一体,从而形成一条廊桥景观带。桥拱采用钢筋水泥结构,而飞檐斗拱的廊屋完全按照古法设计,青川人民的评价非常好。后来,我们整个浙江省,凡是在那边援建的地市,都到那个建筑群参观,省领导都让他们来看。我觉得有时候可以把一方的文化传承带入到其他地方，是非常有意义的一件事。后来，四川省的领导还打电话过来，让我把红石廊桥的模型带过去永久性保存。所以传播我们廊桥文化，让我觉得非常有意义！

问：为了传承廊桥，您都做了哪些努力？

吴复勇： 为了保护这个廊桥，我自己就想着把廊桥模型做出来传给后人。我从年轻的时候一直到现在都很喜欢去实地勘测廊桥，即使交通工具不能到达的地方，我也会走着去勘测。庆元90多座廊桥，我计划把每一座都做成模型，目前已经完成了30多座。按照尺寸和比例做出的廊桥模型，目前最大的有2米多长，最小的5厘米长，为了这些模型我还制作了相应的模型工具，这些廊桥模型的构造都是用真实的材料做起来的，桥模型下面也是用榫卯结构搭建而成。

第三节　代表作品

采用传统手法建成庆元县跨度最大的仿古木拱廊桥——蒙洲桥。原位于浙江省丽水市庆元县五大堡乡蒙圩村，最早修建于1264年，明嘉靖五年（1526年）重建，1986年重修，1992年毁于火灾。此次重新修建的蒙洲桥以原有蒙洲桥造型进行建造，全长114.37米，净跨80.8米，横跨松源溪，有廊屋39间。中部设立楼阁，桥两端设立桥亭，廊屋宽5.4米，九檩四柱两面坡屋顶，桥木拱架按传统手法制作。

蒙洲桥

红石廊桥

照片说明：2010年，吴复勇担任丽水市对口援建四川省青川县石坝乡丽水古典建筑项目的设计及建造主工程师，图片中横跨红石河两岸的红石廊桥，跨度18米，与山顶连心亭等景观遥相呼应，成为连接丽水人民与石坝人民的纽带。

红石廊桥

2012年，吴复勇设计并建成当时全国单孔跨度最大的木拱廊桥温州泰顺龟湖廊桥。成功突破木拱廊桥单孔跨度理论上限，将木拱廊桥单孔跨度扩大至40.3米，成为目前我国单孔跨度最大的木拱廊桥。

龟湖廊桥

由吴复勇设计建造的位于福建省政和县外屯乡湖屯村的屯福桥为全国单孔跨度最大的木拱廊桥,拱跨43.6米,跨度全国第一。

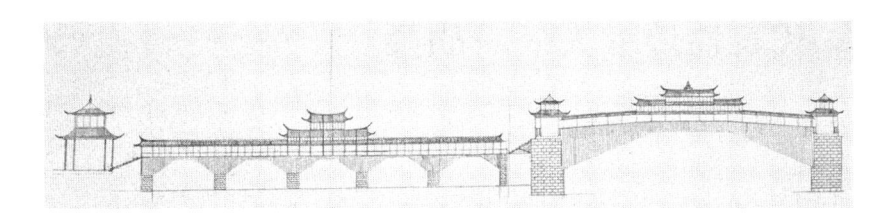

福建省政和县湖屯村的屯福桥手绘图纸

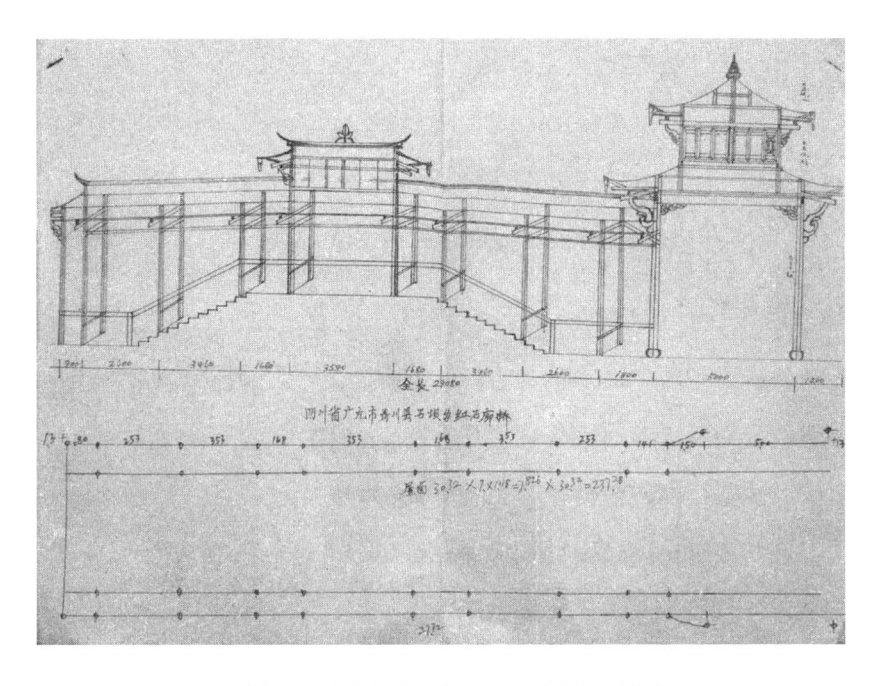

四川省广元市青川县石坝乡红石廊桥手绘图纸

第三章

代表性传承人——胡淼

第一节 大师简介

一、胡淼年表

胡淼,国家级非物质文化遗产项目代表性项目木拱桥传统营造技艺代表性传承人,于 2018 年 5 月 18 日公布认定。非遗项目木拱桥传承人胡淼自 1982 年 9 月开始从事木工学徒及木拱桥传统营造技艺,在本行业取得了优秀的成绩,2016 年 12 月结业于浙江广厦建设职业技术学院,浙江省非遗传承人

胡淼在施工现场画墨线

群传统民居营造技艺培训班。2018年1月结业于北京大学考古文博学院，文化部、教育部中国非物质文化遗产传承人群研修研习培训计划，北京大学考古文博学院民居营造研修班。不断的学习、培训和深造使胡淼取得了更好的成就，他不断地建造木拱廊桥。建造的桥有：如龙桥，袅桥，半路亭桥，竹坪蜈蚣桥，蒙淤桥，青竹遇仙桥，龙庆桥，竹口阜梁桥，丽水九龙廊桥，百山祖廊桥，会溪魏隆桥，坑口福金桥，泰顺县北峰村廊桥和泰顺县池源村怀贤桥等，各类廊桥30多座。获得2009年首届"浙江省优秀民间文艺人才"，2009年丽水市非物质文化遗产代表性传承人，2010年庆元县非物质文化遗产代表性传承人，2012年丽水市首届"十大优秀非遗传承人"，2013年浙江省非物质文化遗产代表性传承人，2012年丽水市非物质文化遗产传承基地，2015年丽水农师称号，2009年助理工程师，2010年中级廊桥工程师，2010年庆元县"廊桥艺人"，2014年丽水市非遗名师证，2017年丽水市"五养"技能大师（特色工艺，木拱廊桥），2017年浙江省非物质文化遗产生产性保护基地"木拱桥传统营造技艺"，2018年国家级非物质文化遗产代表性项目木拱桥传统营造技艺代表性传承人等称号。2017年6月，参加中国成都第六届国际非遗节的"中国政府履行《保护非物质文化遗产公约》回顾展"，在展会上向来自世界各地的来宾展示庆元廊桥和传统造桥技艺，并开展了学术交流。

2017年9月，参加第九届浙江中国非遗博览会，在"浙江省非遗生产性保护基地成果展"中展示庆元廊桥和传统造桥技艺。

2016年起多次参加丽水市"美丽非遗进文化礼堂"系列展示活动，2017年参加2次省市级别的非遗展示活动。

2012年被列为丽水市首批非物质文化遗产"木拱桥传统营造技艺"

传承基地。

2016年被聘请做"浙江省庆元中学校外实践基地"，被列为丽水市非物质文化遗产传承基地（木拱桥传统营造技艺）。

2016年12月于浙江广厦建设职业技术学院，浙江省非遗传承人群传统民居营造技艺培训班，展示了庆元木拱桥传统营造技艺作品，并获得优秀学员荣誉证书。

2017年1月，公司被浙江省文化厅命名为浙江省非物质文化遗产"木拱桥传统营造技艺"生产性保护基地。

2018年参加了庆元县香菇文化节西洋殿香菇鼻祖吴三公非遗文化展示。

2018年1月于北京大学考古文博学院，文化部、教育部中国非物质文化遗产传承人群研修研习培训计划，北京大学考古文博学院民居营造研修班，展示了庆元木拱桥传统营造技艺作品，经导师评审获得优秀，学院将该作品作为教学标本予以留存。

2018年5月被文化和旅游部认定为国家级非物质文化遗产代表性项目木拱桥传统营造技艺代表性传承人。

2018年为庆元县的庆元廊桥文化产业品牌进入泰顺县建造了两座廊桥：岭北北峰村北峰桥和池源村怀贤桥，并输出了庆元廊桥传统营造技艺，传递了廊桥文化。

二、胡淼简介

山间的鼓声一响，庆元人就知道，造廊桥了。当今能够修建廊桥的人已寥寥无几，胡淼就是其中最为优秀的一位。

从16岁开始，胡淼就跟着父亲学习木工技艺，一直靠做木匠来维持生活。庆元当地的木造技艺精湛，胡淼的老父亲胡永德是远近闻名的木匠大师傅，修建的房子、木桥遍布庆元、寿宁各地。如今，胡淼已经是当地响当当的"主墨师傅"，作为廊桥营造技艺传承人，当地及外省的人都慕名前来请他主持重建廊桥。

胡淼接受采访

胡淼是如何从一名普通的木工，一步步成为廊桥的"主墨师傅"的呢？这还要从二十多年前的一个工程说起。

1984年，出于家庭经济的考虑，年仅16岁的胡淼决定跟着父亲学习木工手艺。当年，庆元县计划在松溪支流——搓江上修建一座水库，涉及到水库内始建于明朝万历年间的廊桥——兰溪桥的整体迁移，这次迁建也恰好是少年胡淼所经历的为数不多的廊桥工程。当时这个工程队的主要成员都是胡淼父亲一辈的老木匠，初为学徒的他跟随父亲，在工程队里只是帮忙"打打下手"，对廊桥的营造没有宏观的把握。而等到竣工那一日，"当时看到那个廊桥与身后的西洋殿，一下子就被吸引住了"。兰溪桥与身后的西洋殿交相辉映的景象，让少年胡淼第一次意识到了廊桥的魅力。

随着改革开放的进程，农村也迎来了翻天覆地的变化。更加安全、富有现代感的公路通进村了，年久失修的廊桥在这偏僻山村中"渐渐消失"了。胡淼回忆那个年代的廊桥状况非常痛心："有一些是坏了，有些是拆了，都有……损毁，火毁什么的，现在只留下这么一部分。"

2004年，庆元县仅存廊桥不到100座，其中木拱廊桥更是仅剩20余座。幸运的是，随着对于历史文化保护的认知深入，庆元县正式成立木拱廊桥抢救保护领导小组和古廊桥保护与开发协会，加大了对廊桥的保护与开发的重视程度。

在2005年的春天，蒙洲桥提出重建。这座位于松源溪上、始建于1264年的几百年的廊桥，几经重建后于1992年再次毁于大火。原本以为不会与廊桥建造再有交集的胡淼，迎来了一个契机。

一开始重建蒙洲桥的想法并不被看好，主要因为建造木匠存在"青黄不接"的现象。有经验技巧的老一辈工匠们精力有限，年轻一辈又经验不足。胡淼心无旁骛地开始了实地勘探，研究咏归桥、兰溪桥等现有廊桥，反复测算模型，只为证明自己能够修建廊桥。虽然在这次重建工程中，胡淼没有担任主墨师傅，但是负责建桥的专家是以他的模型为基础进行设计的。"从那里开始，我们就慢慢恢复了木拱廊桥，木拱廊桥就真正重新诞生了。"这样的机会让他看到了廊桥的希望。

胡淼参加廊桥仪式

在庆元，修桥自古以来就是民间善举和官府政绩的表现，他们倾注了全部心血，以举族的人力、物力、财力修建廊桥，将宗族的美好愿望以廊桥的形式展现出来。一座桥可以让一个村落和一个宗族或者个人获得美誉，被后人铭记在心。秉承着这一朴素的信念，胡淼开始了他作为"主墨师傅"的第一个探索——蜈蚣桥的重建。

2006年8月，受台风"桑美"影响，浙江庆元县9座古廊桥被洪水冲毁。竹坪村会龙溪之上的蜈蚣桥也未能幸免。家住竹坪村的胡淼看到家门口的廊桥被毁，心里很不是滋味。但蒙洲桥按其模型的成功建成让他对自己的技术有了信心，也为他提出担任造桥主工匠增添了底气。这是胡淼第一次担任主墨师傅，他自筹资金，就地取材，完全采用了传统工艺建造，为了让这座有着160多年历史的古桥真正"复活"。建成后胡淼自嘲已经"身无分文"，"但看到廊桥落成的时候，我还是很欣慰，觉得为家乡做了些事"。

蜈蚣桥

而今，蜈蚣桥在原址上延续着它的生命。十几年的等待过后，胡淼作为廊桥工程师的生涯正式开启了。一座座廊桥在他的手中矗立起来，

蜈蚣桥

蜈蚣桥

廊桥成为后世与祖先贯通的载体，廊桥在他们的手中走向永恒。

2009年，"中国木拱廊桥传统营造技艺"被联合国科教文组织列入首批"急需保护的非物质文化遗产名录"，木拱廊桥受到全世界的关心与认可。同年12月，胡淼成为丽水市非物质文化遗产项目——庆元木拱廊桥传统营造技艺代表性传承人。次年，在当地文物局干部的建议下，胡淼成立了庆元县虹景廊桥古建筑工程有限公司，更好地研究传统廊桥的营造技艺，挖掘传统建造技艺的独特与优秀。

2010年秋，鼓声又响起。村民们自发筹建，准备修复庆元蒙淤桥。距离1984年兰溪桥迁建已经过了20年，当时参与兰溪桥迁建的师傅们相继去世，作为当地木拱廊桥建造技艺唯一的知情人，胡淼挑起了此次蒙淤桥"主墨师傅"的重担。

重建蒙淤桥也是一次胡淼向先辈们致敬、联通古今的对话。第二天，胡淼起了个早，作为主

廊桥传承人证书

非物质文化遗产传承人茶话会

墨师傅，他要去桥山选木料。桥山是当地百姓为修廊桥集资买下来的山，这里生长的最主要的就是杉树，都是为修建或者修补廊桥专用的。

由于木拱廊桥要常年经受水汽、雾气的侵袭，所以在木料的选择方面特别讲究。要选择生长在山南向阳的老杉树为原料，这种杉树不容易腐烂，可以延长桥拱的使用寿命。胡淼告诉我们："就拿我们做廊桥来说，哪怕只用一根不好的木材，都会成为整个廊桥的遗憾。因为廊桥会先从不好的木材处开始损坏。做建筑，除了好手艺，更要凭良心做事。"最终被选中的杉树会被运到木材加工厂进行加工，作为主墨师傅，胡淼必须清楚地知道每一块木料的用途，以及它们的尺寸。

胡淼在工地

这一次重建蒙淤桥工程，胡淼对每一个细节都亲力亲为，核对每一个榫眼的位置与深浅，测量每一个木卯的尺寸，他知道这些程序看起来简单却非常重要，藏着廊桥能够千年不倒的秘密。尤其是四角斜梁等有关角度的构件、榫卯结构的精确性等细节，可以说决定了一座廊桥的坚固度、安全性和使用寿命。"榫眼的尺寸、大小肯定要一对一，既能够达到这里面的准确度，能够到位，又不能松懈。"他说。蒙淤桥与其他众多廊桥一样，立于青山绿水之间，是向祖祖辈辈生活在这方水土的乡人，以古老的习俗和技艺来寄托他们深藏心底的那一份乡情乡愁。因此，胡淼决定遵从独属于庆元人的方式来造桥。

庆元人造桥讲究的是择吉日开工、祭梁拜祖师、踏桥、圆桥，一切

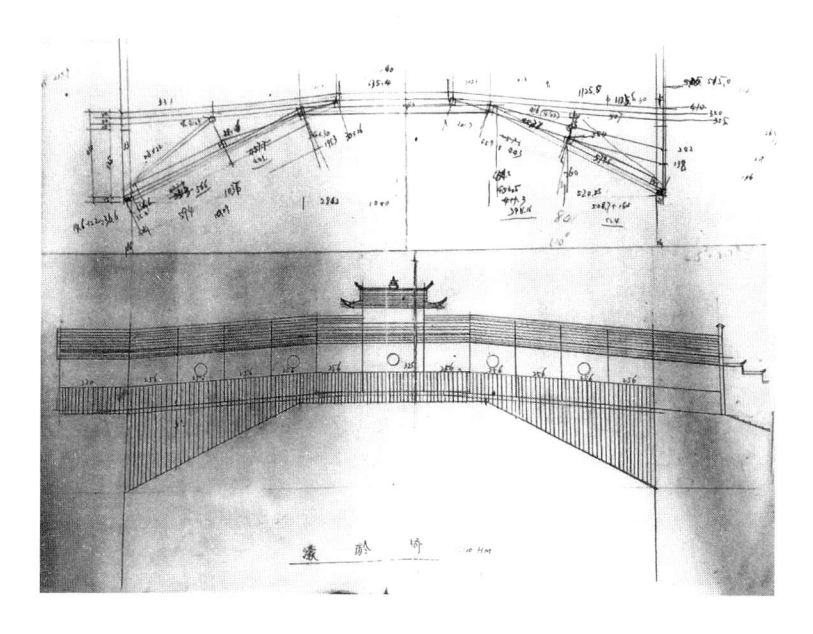

蒙淤桥手绘

都复原整个廊桥的最古老建造仪式。在所有材料被加工好以后，按照当地风俗，组装的日子一定要选择在一个黄道吉日。选定好日子后，蒙淤桥的组装从这一天正式开始。上梁之前，要举行十分隆重的祭拜鲁班祖师的发锤仪式，这是祭祀仪式里一个非常重要的环节。这个仪式完成以后，廊桥的组装就正式开始了。蒙淤桥的重建过程吸引了许多临近乡村的民众赶来参加，祈福能接到"风水"，得到神灵保佑。

胡淼一直探索的适合用于修建廊桥的新技术，也在蒙淤桥重建工程中得到了充分应用。在重建之前，胡淼就使用了地图软件来查询地形地貌，不到现场就能获取精准数据，实时掌握建桥的方位角和距离尺寸。集中加工营建廊桥的所有木构件，再运往施工地组装建造，打破传统技艺的"现场加工、低投入、低产出"制约，极大地提高了生产效率和经济效益，也为庆元境内一座座古廊桥续写着传奇。胡淼还将在北京大

造桥仪式（1）

造桥仪式（2）

学参加古建筑主题研讨班的知识应用创新，包括 3D 模型的建模与创作，也是全新技术的探索。

　　蒙淤桥重建成功后，胡淼的名气越来越大了。省内外的客户慕名找上门，公司承接建设的各类廊桥有 20 多座，其中木拱廊桥 13 座，也参与了如如龙桥大修等国家重点保护单位的维修工程。作为"虹景"经理的胡淼，这几年来也一直处于忙碌的状态。2012 年以后，他作为主墨师傅，又相继主持了多个广受好评的项目——竹口阜梁桥、青竹遇仙桥、丽水九龙廊桥等工程，也必将向未来讲述属于当代的风雨记忆。

国家级非物质文化遗产传承人证书

1984 年入行木匠，2006 年第一次担任主墨师傅，2009 年被评为市级传承人，2013 年被评为省级传承人，2018 年评上国家级传承人，胡淼这一路走得踏踏实实，但绝非轻松。但正是有了胡淼及与他一样十年如一日的"知识型的新时代工匠"，不断创新，并终其一生为廊桥坚守，才使得木拱廊桥营造技艺得以传承。也正是有了他们，我们更加坚信，廊桥这跨越在山水间的文化图腾，必定会长久开启世界了解中国古老技艺的这扇窗口，中国木拱廊桥传统营造技艺也一定可以绵延流长！

第二节 口述实录

胡淼接受采访

问：您是从什么时候开始学习廊桥营造技艺的？

胡淼：这个说实在的，我是出生于一个山区，我老家以前来说是山多田少，基本上都是以手艺为生。我们那个村做石匠、木匠这些工匠的比较多，我是初中16岁毕业以后就去学手艺，也没什么很高的文凭。我初中读了以后就没去上高中，考上了高中后来没去读，就直接去学手艺了。

当时我们学木工，去学的就是一个大木作，就是原来的木结构房子，等于现在廊桥上面部分的廊屋，廊桥上面部分跟木屋基本上是一样的。也就是从那个时候起，我进入了木结构的工活。说做廊桥，也不是说只做廊桥。就像以前来说，都是由能够造木结构房子的这些木匠师傅去做，是这么一回事。

当时我们村里的老前辈也比较多，以前做过桥的老师傅也有。像我们家也是一个木工家族，我父亲他们本来就是干木工活儿的，我和其他兄弟就跟着家族去学徒。但是手艺这个东西，自己一个家族不可能掌握所有的工艺，所以后来是跟着另外一个师傅去学，是这么一系列学下来的。在我父亲那个年代，做桥还是比较少的。

那时候我们必须要把基本功学好了，以后才能够会操作。我们学徒三年，基本功学好了，才可以当上一个主墨师，单独去做一栋木结构房子。就是里面整个的那些榫卯结构可以一个人主持画墨下来，才能够让别的员工去施工，是这样的一个过程。

当时那个年代，我们从 16 岁到 19 岁，学了 3 年，把手艺学到了，基本上做的都是那些木房子的活。一直到了 2004 年，那一个阶段，基本上修复廊桥的工作也比较少。后来从 2004 年以后，又重新开始了保护廊桥、修复廊桥的过程。

问：重新开始保护修复廊桥是一个什么样的过程?

胡淼：20 世纪这门手艺基本没人做了，当时也有些专家去考证，将近百来年新建的廊桥很少，只有少量的一些村庄有修复。但是他们修复的时候也只知其一不知其二，传承下来的东西是很少的。

后来我们就为了传承传统的工艺，开始去研究。有些东西是祖传下来的，但是多年没有做了，还是有些东西会遗失掉，我们必须要自己重新去研究一些深奥的东西。哪怕我们通过师徒关系教过来的内容，一些奥妙的东西也是靠自己去领悟的，像我们学习的时候，不可能手把手地教，也没有这么一个过程。基本上，跟在师傅旁边把你的基本功学好了，很多东西就要靠以后自己到现实当中去解决。

我们从2004年以后重新发展起来，也没有实际的廊桥去研究，我们就做了几座桥模，当时我选了一座十米长的桥，按照1∶10的比例做了一个模型。我们庆元蒙洲桥的一个模型，我也是花了八九个月的时间做成的，从2004年开始做，到2005年才做好，通过这个过程基本功基本上恢复了。

2006年，"桑美"超强台风把我家乡的一座廊桥，也就是蜈蚣桥冲毁了。根据我们家谱上记载，这座桥应该是在清康熙年间建的，后来又经历了重建，保留了160多年，后来就在2006年的时候冲毁了。当时我们也刚刚好已经修复了一些廊桥，也恢复了当时的这些技艺技术，所以就想桥冲走了，反正手艺在自己手上，再把它做起来就好了。后来家乡我父亲他们打电话过来，说是有这么一回事，桥冲走了，我说接回去就好了。当时就这么简单的一句话，其实没那么容易，从这里开始，我真正地踏入了廊桥建造的第一步。

回去开始建桥了以后，什么难题就都出来了，必须要有材料，有资金，既然话说出去了，就得想按照怎么样的程序，把这座桥修复回去。后来组织村里的一些老人成立了一个团队，就这样从零开始做。资金也是民间筹资，政府当时还没有给我们资金。从前期筹资捐款、策划到廊桥建造等等，都是由我自己一个人去负责。这么一个经历以后，对廊桥的感情也更好了。廊桥不是说很容易地把一座桥做个木工活就行了，从廊桥传统的技艺到习俗等内容从这里就慢慢地给它恢复起来了。我老家这座桥做得也比较艰苦，中间分期做了两年。

这座桥做了以后，在2010年的时候又重建了我们的蒙淤桥。蒙淤桥是我们原来的一个副县长退休以后负责筹资，我就是去掌握技术，这一座就轻松多了。习俗的东西我们可以跟他们交流，由他们去负责，我主要负责的就是木结构这一部分的工活儿。所以，我就全心全意地按照传统的技艺去恢复，全部都是用一些老的工艺方式重建了蒙淤桥。

这几年也比较漫长，一直这样子做过来，到现在我修复和新造的各类廊桥有三十几座了，包括木拱平梁的，包括一些老桥修复的，不断地在做，我自己也一步步地过来，从一个普通的工匠，成为了廊桥传承人。从县市级到省级再到国家级的传承人，政府也是给了我很大的肯定。一开始是为了我们庆元廊桥，现在来说廊桥是属于我们中国的，也是人类的非物质文化遗产。所以说我们也是要把人类非遗传承好，能对得起我们这个社会，可以把这门手艺传承和保留。

问：从学徒到可以独立修建一座廊桥，有没有什么技艺成熟的标准？

胡淼： 做廊桥说起来是很容易的事，其实也是很难的事。你看一个廊桥的设计图，可能很容易理解，简单地到廊屋去看一下，感觉也都很容易。但是你要想真正会懂会做的话，可能就不是那么简单的事。就像现在，召集一个年轻人，从不懂开始，边做边琢磨的话，可能没个三五年都没法成熟。比如你今天在这里，我专门指引一下，抓重点地去手把手地教，可能出不了一个月你就能把这个图画出来，理论的东西可能就会接受。但是你要去上"战场"，要去"打仗"，要去指挥，那就很难，手法的东西没有一个漫长的时间是练不出来的，只有去锻炼才能够达到这个点。

掌握理论是很容易的，但是施工不是我教你怎么施工就怎么施工的，里面有很多技巧的东西需要随机应变，看上去确实很简单，其实是变化无穷的，每一座桥、每一个地点，它的施工、安装方法都不一样，都是要你自己去做的。主墨不是说画一下墨就行了，还要去指挥人家，保证施工安全。还包括前期的勘察地形，现在又没有高科技的现代机械带过去，都是以民间方法为主，现场要熟悉，要知道怎么去安置一座桥，这些都是你要短时间内确定的。小的桥半个小时一个小时就要出来一个形象，规模大一点的话一两个小时，你把数据、尺寸全部记下来。农村做事情是很急的，不可能去让你慢慢做。民间要建廊桥，把师傅叫来现场一看，就马上要你把形象的东西拿出来，包括初稿设计图、草图、方案等等，然后才可以慢慢去细化内部的东西。

问：廊桥的选材有没有什么特别的要求？

胡淼：这个就要分区域来说了。在我们庆元基本上是选择老杉木，至少都有三四十年以上，主拱木一般都是在40年以上，一般要求至少要30年以上。我今年在泰顺做的两座桥，用的全部都是我们庆元的材料。因为做这两座桥的村对木头比较清楚，从我们国内的一些林业部门的资料来看，我们华东这一片，浙江的材料相对来说是强于福建的，杉木的强度韧度稍微高于他们。像泰顺那边就不一样了，他们本地的杉木比较少，会取一些柳杉，他们认为柳杉韧度好，所以取材也是因地制宜，不可能完全一致。但是我们既然是造桥，不管是杉木也好，柳杉也好，尽量要选择好的材料。其他老的廊桥也有取其他材料的，主要是因为当时的条件考虑不了这么长久。

常规来说，木材取来是要剥皮的，就是把外面的表皮直接剥掉，留下里面的那层，因此必须要注意取材的季节。我们土话叫"起皮了"，就是这个皮可以剥的时候，一下就能剥光，不能用人工另外再加工。在我们24节气当中，它是从惊蛰以后，木头基本上会"上水"，有些皮就可以起了。惊蛰以后嫩的杉木可以起皮，但是老杉木的话，在惊蛰的时候可能还起不了，一般都要到清明前后才能够去取这个木头，或者是到8月份左右,像现在10月份已经"下水"了,一些老的杉木又剥不了皮,所以,这个季节是很关键的,基本是惊蛰到立秋这一段时间比较好。但是在5月到6月这段时间尽量少取,这段时间木头水分很充足,刚刚好是在木头生长的过程当中,向外长大一圈年轮的时候,这个时间不是很好,所以按照要求选材是很难的。

现在也不一样了,大多数工程一说好就要开始做,不容我们慢慢去准备。像古代来说,因为条件不一样,筹备一座桥可能要两三年,那么就是开头两年先选址,选址以后取材,后来再去筹备资金,这样分期进行,那么它的备料时间就比较长一点,材料备好了直接去施工的话,需要的时间就比较短,所以按照要求是要有一个过程的。

问:现在建桥取材难度大吗?

胡淼: 30米跨径之内的桥,取材难度还不是很大,但是跨度再大一些就比较难找了,因为不是说长度到了就够了,越长口径也要越大,取材就比较难。

这几年有一些廊桥,不断地想争第一,就是说要跨距多大,但是取材达不到要求,将来可能会造成一些无可弥补的后果,这个也是一个比较大的隐患。有些东西还是要注意一点儿,作为我们廊桥传承人,包括其他更多的工匠,做一座桥很容易,但是你想把一座桥做好,真的要用点心。一幅图画坏一点儿,可以撕掉重新画,要是做一座桥做差了,变形了,就会给人一种不安全感,木结构的桥成为危桥甚至倒塌的都有。我觉得我们的要求是要越来越高,不能随随便便,不管是我自己还是其他工匠,都要做到这一点,要把心思放到上面去,因为这不是其他建筑物,这是桥,这是廊桥。

问：取材之后，有没有什么特殊的保存方式？

胡淼：这个按要求来说是有的，但是一些条件也不允许。有一点是必须的，材料取了以后要在山上自然干，不允许烘干。杉木的特征是比较经得起苦，就算露天1到2年时间，问题也不是很大，但是尽量不要放在外面一直雨淋日晒。放1到2年，木头颜色上是会变，质量是没问题的，时间再长就不行了。木头这个东西也很麻烦的，封闭式保护还保护不了，需要通风保存，如果条件比较好，取材后要长时间保存的话，要搭一个上面能够遮雨四面能够通风的棚，作为材料长时间保护的一个场所。但是我们平时短时间存放的话，也没有这么多要求。

问：廊桥在选址的时候，对周围的环境有什么要求？

胡淼：这个就要地方习俗和我们的要求做一个结合了，一般我们会看一下，看地形的地点，哪个地点能用哪个不能用，这个是我们必须要去选的。我们就是要去看这个地方的桥址结实不结实，水的流向、垂直度符不符合要求，有些时候桥的方向也会偏一点儿，跟河流不一定是垂直的，但是基本上是以垂直为主，后来再来根据水势做小的调整。

像这个地点，我们以一个村为例来说，如果一个村有河流，出去的路都是往水口方向走的，我们会在村的下游选址，一般会选一个两边有山、河流最窄的地方，以这个地点结合路线的通道，最终确定一个桥址。选择这么一个地方作为桥址，一个是交通要道，另外一个就是将两面的山脉连接。除此之外，还要有一个很好的基础，必须要有岩石，一般桥两头都是岩石是最好的，既省工又结实，建好以后不会受到水流冲击，能够长久地保留，延长它的寿命，基本是这么一个原则。

问：在建桥过程中有哪几个比较困难的步骤？

胡淼：作为木拱桥来说最困难的就是安装拱木，这算是最困难的一个点，其他的施工过程无非是材料比较重，算不上困难。

安装过程有好几个方法，过去传统做法是一种很冒险的做法，它可以说是最节省时间和材料，但用的是最危险的做法。以前老的方法是用传统的天门柱跟水柱架，把两边的三节苗斜撑进来，八字撑的结构就相当于一个等腰梯形，把两边的腰也就是三节苗嫁接的时候，必须要两边同时架齐，再来完成中间的安装。这时候没有平梁，有很大的重量直接压到中间，等于是两个三节苗一直往河中间压的，所以就要从河面上做两个支点上来，以前就是用水柱架的。把全部的木头架好了，再从底部把牛头挂上来，说实在的，这个方法是很危险的。像这种老的做法，也会遇到一些问题，泰顺的一座新桥就是出现这种问题，后来变成了一高一低的情况。

现在我们为了安全起见，会就地取材安装一些木架，用木架安装就不用去找其他材料了，这样稍微会节省一些成本；如果安全系数想要更高一些，就用钢管架，但是造价也会比较高。用架子做就比较简单了，会用到一些物理学的知识，计算好一些支撑点，然后用架子去支撑。因为搭桥是高空作业，所以，安全问题要自己掌握好。三节苗架好、平梁安装好，桥起拱了以后结构就稳定了，后面只要考虑上下不要偏移，每一步都踏踏实实做好就可以了。

问：在传统造桥技艺的基础上，您都做了哪些创新？

胡淼： 我数理化方面的知识学得还好，包括三角函数、几何、物理学、力学这些东西，我会把它们全部融会在一起。像原来的天门车，我就把它转化成了滑轮组，跟起重机一样的原理。当时我在建蒙淤桥的时候，就是用滑轮组进行施工，桥上只有两三个人，材料都是由桥两边的人去控制，他们用的方向都是正方向的力，我就在中间靠两个滑轮组左右挂钩。

过去我父辈他们需要放大样，有些条件好的可以按照 1∶1 的放大样，就等于是画 1∶1 的图纸；条件不好的话，就是像我们现在的图纸一样，需要缩小，然后拿来测量；再有最土的方法，就是现场制作，一边测一边做。我现在进入新的工程，就用一些数学的公式进行计算，三节苗底部的两个点跟上面的两个大牛头的点是在同一个圆弧上，我就用圆弧去计算，后来慢慢又转化用三角函数计算。我现在做了一个电子版本的公式，只要把跨度尺寸输入进去，拱架的尺寸一下子就全部出来了。

第三节　代表作品

1. 如龙桥：位于庆元县举水乡，是一座单跨木拱廊桥，为全国重点文物保护单位。该桥始建于明初，现桥修建于明天启五年（1625 年），于 2016 年进行廊桥落架维修。桥跨径 19.25 米，桥长 28.39 米，宽 5.08 米，廊屋有 11 间。

如龙桥

如龙桥内部细节

如龙桥施工过程（1）

如龙桥施工过程（2）

2. 袅桥：位于庆元县城西，是一座单跨木拱廊桥，为全国重点文物保护单位。该桥建于明万历三十二年（1604 年），清乾隆三十四年（1769 年）重修，于 2008 年进行廊桥落架维修。桥跨径 14.5 米，桥长 28.63 米，宽 3.6 米，廊屋有 11 间。

袅桥

袅桥底部结构

3. 半路亭桥：位于庆元县黄田镇陈边村，是一座单跨木拱廊桥，为全国重点文物保护单位。该桥始建于元至正年间，清嘉庆二十三年（1818年）复建，1947年重建，于2009年进行廊桥落架维修。桥跨径21.25米，桥长28.65米，宽4.9米，廊屋有9间。

4. 竹坪蜈蚣桥：位于庆元县左溪镇竹坪村，是一座单跨木拱廊桥。该桥始建于清道光二十二年（1842年），毁于2006年"桑美"台风，于2006年进行重建。桥跨径19.88米，桥长37.69米，宽4.5米，廊屋有17间。

蜈蚣桥（1）

蜈蚣桥（2）

蜈蚣桥（3）

蜈蚣桥内部细节

5. 蒙淤桥：位于庆元县五大堡乡蒙淤村，是一座单跨木拱廊桥。该桥始建于元至元年间，期间经历了数次损毁和重修，于2010年进行重建。桥跨径28.4米，桥长35.05米，宽4.5米，廊屋有13间。元至元年间建，久废，明嘉靖五年（1526年）邑人叶亨重建，后坏于水，清嘉庆十四年（1809年）邑人吴昌兴倡建，1986年重修，1982年列入县级文物保护单位。

[古诗]　　蒙淤桥（张恪忠）

峰峦环抱锁溪声，百丈流虹饮涧横。

我欲招寻题柱客，长门恰喜倩长卿。

蒙淤桥

蒙淤桥内部细节（1）

蒙淤桥内部细节（2）

蒙淤桥内部细节（3）

6. 竹口阜梁桥：位于庆元县竹口镇竹口村，是一座三跨木拱廊桥，该桥建造于2012年。桥跨径66米，三跨，桥长78.8米，宽5米，廊屋有33间。始建于明永乐九年（1411年），明嘉靖十一年（1532年）和万历四年（1576年）两次重修，清道光二年（1822年）再次重建。20世纪60年代末，因桥墩塌陷而拆除。2011年在原址重建竹口阜梁桥，桥全长76.8米，净跨66米，面宽5米，矢高6.6米，两墩三跨，工程主体构架部分采用木构，共有29间廊屋，重建后的阜梁桥在庆元廊桥中长度仅次于蒙洲桥，为庆元第二长廊桥。

阜梁桥

阜梁桥内部细节（1）

阜梁桥内部细节（2）

阜梁桥修建过程

7. 青竹遇仙桥：位于庆元县左溪镇青竹村，是一座单跨木拱廊桥，该桥建造于2013年。桥跨径23.4米，桥长38.8米，宽5米，廊屋有13间。

遇仙桥

遇仙桥内部细节

遇仙桥修建过程（1）

遇仙桥修建过程（2）

8. 福金桥：位于庆元县淤上乡坑口村，是一座单跨木拱廊桥，该桥建造于2017年。桥跨径10.36米，桥长21.56米，宽5.6米，廊屋有7间。

福金桥（1）

福金桥（2）

9. 百山祖廊桥：百山祖廊桥建于2011年，位于庆元县百山祖国家级4A景区，单跨木拱廊桥，桥跨径17.36米，桥长25.91米，宽4.5米，廊屋有12间。

百山祖廊桥（1）

百山祖廊桥（2）

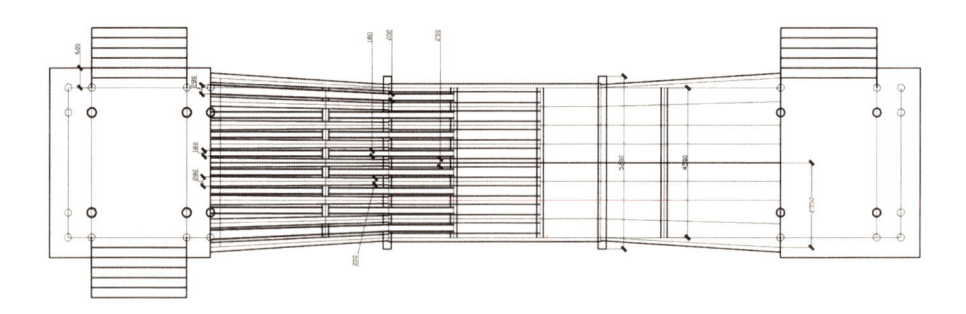

百山祖廊桥拱架平面分布图

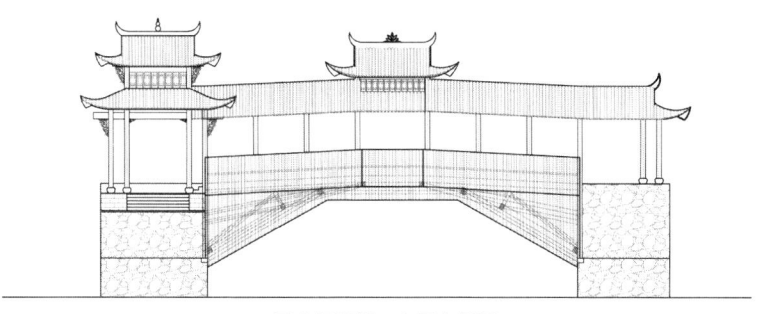

百山祖廊桥正立面布置图

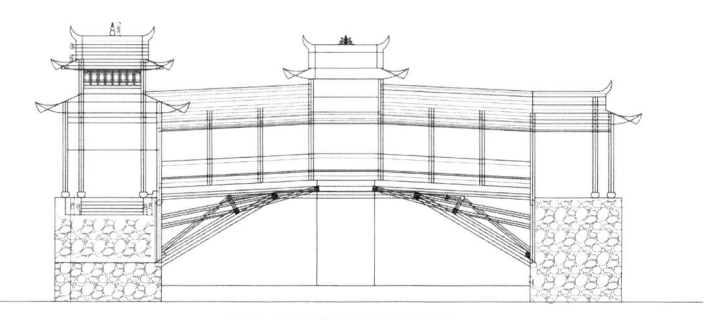

百山祖廊桥正立面结构图

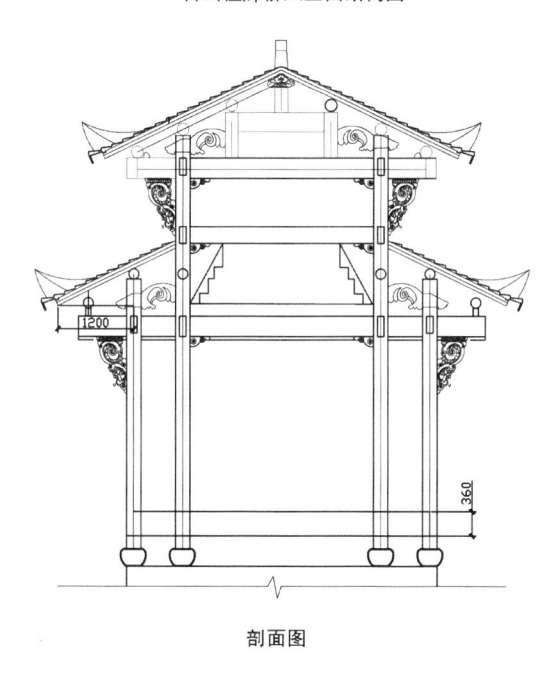

剖面图

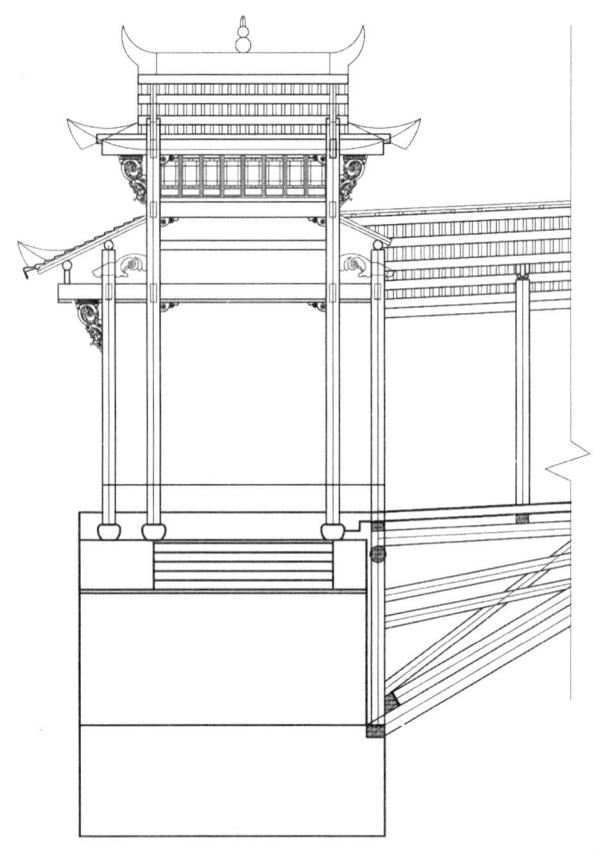

东桥亭正面剖面图

10. 小梅龙庆桥：小梅龙庆桥建于 2011 年，位于龙泉市小梅镇，五跨平梁廊桥，桥跨径 105 米，五跨，桥长 110 米，宽 5 米，廊屋有 35 间。

11. 会溪魏隆桥：会溪魏隆桥建于 2016 年，位于庆元县石龙街道会溪村，单跨木拱廊桥，桥跨径 16.65 米，桥长 20.5 米，宽 7.2 米，廊屋有 7 间。

12. 野岙桥：野岙桥建于 2006 年，位于庆元县石龙街道班岱后村，木平梁廊桥，桥跨径 2.18 米，桥长 12.8 米，宽 4.08 米，廊屋有 5 间。

小梅龙庆桥

会溪魏隆桥

13. 黄坑回龙桥：黄坑回龙桥建于2008年，位于庆元县隆宫乡黄坑村，石拱廊桥，桥跨径12.5米，桥长35.8米，宽4.08米，廊屋有11间。

野岙桥

14. 车根廊桥：车根廊桥建于2011年，位于庆元县百山祖镇车根村，平板廊桥，桥跨径12.6米，桥长16.8米，宽3.6米，廊屋有7间。

15. 栖凤桥：栖凤桥建于2013年，位于庆元县五大堡梧桐洋村，平板廊桥，桥跨径7米，桥长21.6米，宽4.38米，廊屋有7间。

16. 甘公坑廊桥：甘公坑廊桥建于2009年，位于庆元县淤上乡甘公坑村，木平梁廊桥（古廊桥落架维修），桥跨径6.8米，桥长14.8米，宽4.38米，廊屋有5间。

17. 文昌阁廊桥：文昌阁廊桥建于2015年，位于庆元县百山祖镇合湖村，石拱廊桥，桥跨径9米，桥长30.8米，宽5.4米，廊屋有11间。

18. 五大堡廊桥：五大堡廊桥建于2014年，位于庆元县五大堡乡五大堡村，石拱廊桥，桥跨径7米，桥长35.98米，宽4.5米，廊屋有

栖凤桥

文昌阁廊桥

11 间。

19. 桃坑接龙桥：桃坑接龙桥建于 2019 年，位于荷地镇桃坑村，木平梁廊桥（古廊桥落架维修），桥跨径 2.2 米，桥长 12.5 米，宽 4.8

五大堡廊桥

米，廊屋有5间。

胡淼制作的廊桥模型

第四章 代表性传承人——曾家快

胡淼制作的廊桥模型

胡淼制作的廊桥模型

第四章

代表性传承人——曾家快

第一节 大师简介

曾家快是浙江省泰顺县泗溪镇南溪村人，1973年10月出生，现在已经被评为木拱廊桥传统营造技艺的省级传承人，曾被评选为首届"温州市十大青年工匠"之一，人称"斧头王"。

曾家快出身于木匠世家，他的爷爷和父亲，包括他自己，祖孙三代都是远近闻名的大木匠师傅。他从18岁开始继承父业，学起了木匠手艺，从他开始学做木工，就主要从事庙宇、祠堂等古建筑的建造工作，也因此积累了

曾家快介绍自己主持修建的廊桥

丰富的古建筑建造经验。

从小在木头堆里长大的曾家快，木工技术纯熟，2005年曾参加中央电视台《状元360行》节目。在节目的决赛现场，主持人给来自全国各地的木匠出了一个题：用斧头剥鸡蛋，曾家快凭灵活的斧头技巧夺得了冠军，并且荣获了"斧头王"的称号。

20世纪90年代末，位于泗溪镇的廊桥北涧桥曾被媒体称为"世界上最美的廊桥"，也就是在这期间，曾家快对廊桥建造这门古老技艺表现出了极大兴趣。那时年轻的曾家快在没事的时候经常走到北涧桥底下，仔细观察研究木拱廊桥的结构，随着研究的深入，曾家快逐渐被廊桥的技艺深深吸引住了。

从那之后，为了更加深入地研究木拱廊桥的营造技艺，曾家快几乎走遍了泰顺所有的古廊桥，常常在烈日底下自己画图纸，细细研究。经过多年的摸索，功夫不负有心人，终于掌握了木拱桥传统营造技艺。2003年，曾家快终于在老家南溪村顺利地造出了一条7米长的"迷你"廊桥，自此之后，他宣布初步掌握了廊桥营造技术，他无师自通，凭借

曾家快主持的廊桥修建项目

自己的努力很快在接下来的时间里又在泰顺乌岩岭自然保护区境内修建了一座廊桥。那之后，曾家快又在浙江省衢州七里乡和泰顺县雅阳镇埠下村分别造了两座大型传统编木廊桥。

2003年，当时的泰顺文物工作者薛一泉等人到岭北上洋村的泰福廊桥考察时遇到了79岁高龄的古廊桥艺人董直机，很长一段时间，曾家快和董直机并称为泰顺两个还能造廊桥的人。直到2011年正月曾家快在泰顺县非物质文化遗产保护中心主任季海波的陪同下造访了董直机，并正式拜师董直机。曾家快拜师董直机后，象征着廊桥这门技艺正式延续了传承，这个意义对廊桥文化本身来说是非凡的。

2016年文兴桥被冲毁，曾家快心疼不已。文兴桥建于清咸丰七年（1857年），至今已有160多年了，横跨在泰顺筱村镇坑边村的玉溪上，是典型的叠梁木拱廊桥，桥屋内正中设有神龛，供奉着三座神像，每逢农历初一、十五，坑边村乡民就聚集在这里祭祀。曾家快说："好的廊桥可以保存几百年没问题，如果只是洪水，廊桥是不会这么容易被冲掉的，但当时除了洪水之外，还夹杂泥石流，山上的大量碎石夹裹洪峰而下，文兴桥才撑不住的。"

文兴桥

文兴桥修复过程（1）

文兴桥修复过程（2）

最终修复文兴桥的重任落到了曾家快的身上。曾家快说，修复的难度非常大，文兴桥的结构非常奇特：桥身北侧略高，南侧略低，这种倾斜的结构让修复难度增加了不少。虽然后来文兴桥大部分的屋桥部分被捡了回来，但是连接桥架和石磴的磴接木只找回两根。最终在曾家快的努力下，文兴桥被成功修复。

曾家快因为自己的兴趣和精湛的技术，将濒临失传的廊桥营造技术得以掌握和保存，为廊桥保护工作做出了巨大贡献。木工是个辛苦活儿，造廊桥艰苦更甚之，夏天需在烈日下工作，冬天还需忍受着寒冷的溪谷风，但他一直没有放弃，只为了能给乡亲留下更美的廊桥。

曾家快与他的廊桥模型

在建造廊桥之余，曾家快偶尔会做做廊桥模型。他的梦想是等到退休后开一家廊桥博物馆，收藏自己制作的这些模型。这样一来，哪怕这门技艺暂时无人承袭，甚至真的不幸失传了，至少模型可供后人参考、借鉴，有朝一日或许还能有恢复的希望。而在退休之前的十余年内，他将继续不辞辛苦地建造廊桥，为乡邻、后代留下更多的美丽风景。干一行，爱一行，精一行，曾家快苦心专研技术，具有崇高职业道德和敬业精神，立足岗位，业务过硬，勇于创新，对廊桥文化有重要发明创造和重大贡献；长期在艰苦条件下尽职尽责，默默奉献，恪守职业规范，办事公道，服务优质，赢得群众好评。

每当有人问起为什么要做一名修桥师这个问题时，曾家快总是说，在当地人看来，造廊桥是大木匠最登峰造极的本领，而且每造好一座桥，都会留下主建人的名字，"我造的桥上面就会写上'曾家快主墨'，感觉多好"。如今，他的修建名单中有南溪桥、漈秀桥和下察溪桥等县内外十多座廊桥。

第二节　口述实录

问：您是从什么时候开始接触廊桥的？

曾家快：现在很多人学了廊桥不一定能做廊桥，木工匠学了结构还有地方做，廊桥几百年几千年的历史，学廊桥反而能做的项目不多，比较难以进行实践。在历史中断断续续，20世纪30年代到80年代很少有人去学习廊桥，都是大木匠做的。我家里三代人都是木匠，从我的祖父算起，祖孙三代都是泰顺的大木匠。大木匠和做家具、农作工具的小木匠有所区别，大木匠是上梁装架造房子的人。

我大概是从1990年开始学做木工，一直到现在都还是在做木匠的工作，接触廊桥大概是在2002年的时候。刚开始，我们一直觉得廊桥

是比较普通的桥梁，就是一个木头桥，每天走来走去也不觉得稀奇，全国各地应该都有，并没有引起我们的重视。但是随着信息的发达，廊桥被越来越多的人所熟知，直到廊桥成为非物质文化遗产之后，我才知道木拱廊桥快没有人会做了，已经要失传了。这时候我才开始研究制作木拱廊桥，慢慢地去领会里面的结构，哪里受力，都用了什么样的工艺，然后试着去做了一个模型，现在做好的模型已经放在展览馆里了。

  2003年的时候，廊桥快没有人能做了，所以，我们县里想拍一个关于廊桥的宣传片。因为我有一个模型放在展览馆里展览，所以，他们第一时间找到了我，问我廊桥还能不能做，我就说能做。因为我祖辈都是做木匠的，我觉得我不会可以找我爸，我爸肯定也会懂一些。然后从2003年一直做到了现在，中间也跟随过董直机师傅进行学习。

曾家快修建的廊桥

问：您第一次做廊桥的时候有没有什么难忘的经历？

曾家快：第一次做的廊桥比较小，因为不敢把太大的廊桥给我做。

我第一次做的廊桥很小，比模型也大不了多少，宽只有 1.8 米，刚好够两个人并排走，跨度只有 6 米。这种跨度 6 米的桥其实也不需要做木拱廊桥，可以直接平着做。

广西、贵州那边做的都是平梁木廊桥和石拱木廊桥，一般平梁木廊桥 15 米以内都可以做，广西那边平梁木廊桥能做到的极限跨度是 19 米到 20 米左右。

现在我们这边平梁木廊桥和石拱木廊桥也有，编梁木拱桥其实也还是比较少的，整个泰顺大概只有三十几座，不算 2003 年以后做的新桥，老的只有 6 座。

问：您"斧头王"的称号是怎么来的？

曾家快：当时中央电视台《状元 360 行》节目，把全国各省比较有名的木匠师傅选拔上去，做一些平时用斧头没做过的东西，最后布置了一个用斧头剥鸡蛋的任务，然后用斧头在现场比赛。这也不算什么技术，因为大家都没做过，当时我发挥得比较好，夺得了冠军。这个项目我平时也没怎么训练过，其实最难的并不是剥鸡蛋，而是用斧头削一支铅笔，但笔芯不能断。铅笔笔杆相对硬，但石墨的笔芯太软了，斧头重量有五斤左右，用力稍大，笔芯就断了。

问：随着时代的发展，廊桥的制作工具有没有变化？

曾家快：现在基本的工具没有变化，有一些会用电动的工具代替，比如电锯其实和手锯是一样的，只是速度快一点儿，其他工具流程都还是一样的，还是使用原始的廊桥工具。廊桥制作用什么样的工具，要看榫卯的衔接穿插工艺，榫头要做得标准，这是很重要的。九根都有一样的榫头，牛头木打进去才不会单点受力，单点受力会导致廊桥压坏、压裂。

曾家快使用的木工工具

比如福州那边的一座平桥，上面是水泥，下面是木结构，风也不大就把桥梁吹走了。新闻采访问我，我说原来这个桥的设计就不行，它没有按照传统的工艺去设计。现在读了几年书，看几本土木工程设计的书，就按照在书上看的设计出来，当时只是觉得简单好看，但是牢固性并不好。其实，廊桥实际的施工难度非常大，没有想象中那么简单。很多传统的木匠榫头穿插做得都很简单，我们做的是比较复杂的。他们榫头只穿进柱子的一半，里面还留有空间，但是我做的榫头都是要穿过对面的柱子两寸的，这样结构就差很多。不规范的施工导致廊桥受力不稳，容易被水和风冲毁。

问：目前还保留有哪些廊桥的营造习俗？

曾家快： 我们现在从事廊桥建设还是保留了以前的习俗，上梁、开工、桥头座位都有习俗，老的风俗目前都保留得比较好。这都是上千年流传下来的，我们不能让它失传，还是要按照老的风俗去做。因为制作廊桥也有给当地挡风水的作用，给当地的村民带来福气。

现在开工一般都没有仪式了，但是以前仪式比较大，建造之前要许愿，廊桥建好之后还需要还愿，但现在已经省去了这一道仪式。但是哪一天开工还是要选日子的，比较隆重的还有上梁仪式，这个基本上都是有的，其他就不一定有了。

问：您觉得现在做得最好的廊桥是哪一座？

曾家快： 在我看过的这么多廊桥里，我认为做得最好、最合理的就是溪东桥。现有的廊桥我基本都看过了，里面的结构我也都仔细研究过，结构最合理的就是溪东桥。

这座桥里面的结构非常合理，在1570年建造好之后，到现在已经450年了。中间1745年和1827年又重新修建过两次，也已经时隔两三百年了，但是桥中间一直没有下沉，其他的廊桥或多或少都下沉过，这个桥梁的结构施工非常合理，造桥师傅的工艺也属于顶尖。

问：目前您建造廊桥主要选择什么材料？

曾家快： 现在主要还是选择杉木和柳杉，首先杉木比较耐烂，而且我们当地杉木和柳杉这两种木头也比较多，容易取材。像以前交通不发达，你知道其他地方有更好的木头也没用，因为取不到。其他比如像松木，本地也有，但是我们都不用的，因为它比较弯，比较脆，比较容易烂。柳杉主要是韧度比较好，可以放在桥底下的结构里，上面的部分都是用杉木。在过去全部都是用柳杉，很少用到杉木，因为杉木的价格比较高。杉木因为耐腐烂，所以经常被拿去做棺木，所以价格比较高，以前一座桥做下来，可能只有一两根是杉木。建桥用的丈杆，基本也都是使用杉木，栋梁的部分也都是杉木，因为杉木不容易变形。所以，我们这里有句开玩笑的话，"柳杉心都被气黑了，整座桥都是用我做的，但是最中间那根木头要用杉木"。

也有可能还有其他更好的替代材料，但是因为现在柳杉和杉木都还能取到材料，所以我们不敢去替代它们。柳杉和杉木都可以持续二三百年的时间，但是换成其他的木头还能不能持续二三百年，我们心里都没有底，所以，我一般不会换其他材料。

还有些进口材料，我觉得当时装上去是可以的。有些放在廊屋的部分，我觉得是可以的；但是如果放在承重的部分，我比较担心的是能否经得住几百年的时间考验，没有这方面的试验。也许进口的木材比杉木和柳杉都好，但是我们都没有使用过，没有经过这么长时间的检验。还有个问题，就是进口木材价格比较高，所以，我这边一般不采用。

问：您目前做得最满意的廊桥是哪一座？

曾家快：我现在做的所有的廊桥里，有一座和其他的廊桥都不一样，算是我自己开发出来的做法。目前是跨度最大的廊桥，单拱跨度44.3 米，桥拱是弧形的，那里面我是在三节苗、五节苗的基础上，再用上八节苗，比其他的廊桥加了一层。整个桥上的廊屋结构也是拱形的，里面所有榫头可以穿插顶住，所以，廊屋部分也是可以受力的。现在三年了，基本上没下沉，下沉了一点点儿，还是在范围之内的，如果桥下沉了，中间会弯下来，弯下来的话基本上桥就没用了，但是这座桥还是保持着很好的拱形。我给它取名叫"拱泰桥"，目前还没得到相关单位正式的命名。

当时建这座桥的时候，所有的木头都是我自己从当地山上运下来的，我们平时只是说建桥，其实，这么大的木头怎么运过去是很大的难题。我们想了很多方法，一开始用绑车，用了六个人还是拉不住，整个山有坡度，非常陡，木头容易滑下来。最后我想了个办法，用叉车来拉木头，前面叉车，后面绑着木头。但是叉车的刹车不好，我怕其他人操作不好，所以都是我自己来操作，叉车也依靠木头拉住来防止打滑，因为场地非常的陡。

这么高、这么大跨度的廊桥的建造非常考验人，我们当时施工也没有安全措施，所有脚手架都拆下来，我们所有施工人员都在屋顶和屋檐上行走施工，下面就是40多米的山谷。我们一共十几个工人，主要上去施工的只有四个工人，一般很少人上去。

问：建造拱泰桥这种跨度这么大的廊桥有没有不一样的施工技术？

曾家快：还是和其他廊桥一样的施工技术，我们在建造这座桥的时候，是使用钢管脚手架搭建上去，没有脚手架是不太可能的，这个桥到拱底大约30米左右。一些十来米高的桥，我们也会用木头搭脚手架。

传说以前建造廊桥的时候是用绳子拉木头，对于这个观点我不是很认同。一排有九根木头，加上牛头木有十根，不要说用绳子拉了，用30吨的吊车我都不敢往上拉，以前只用绞车和绳子拉是不太可能的，首先哪里去找这么粗的绳子，哪怕有这么粗的绳子，绞车要怎么固定，就算固定好绞车了，绞车要怎么转起来？

问：2016年您负责修复泰顺的文兴桥有没有比较难忘的经历？

曾家快：那座桥都很难忘。在文兴桥修复的时候，我是作为技术总监过去的，当时他们是想把它修成正的，我说修成正的没有意义，后来有些东西我也没有全力去坚持。每座桥牢固不牢固，其实都是木匠师傅做的，他当时做的就是病桥，所以往一边斜过去了。以前每次修桥都是单独地去修桥，并没有修桥墩，外面看着是好的，但是里面已经被雨水掏空了。

2016年的那一次大水又不太一样，除了洪水之外，还夹杂泥石流，山上的大量碎石夹裹洪峰而下，把桥墩冲毁了，文兴桥才撑不住的，如果只是洪水，廊桥是不会这么容易被冲掉的。在当时，我们廊桥的石墩修复每层都推掉重来过好几次，我们用水泥碎石填补内部缝隙，进行灌浆处理，这样可以提高之后的抗洪能力，而且当时还有一点儿，文兴桥的结构在所有廊桥中属于非常奇特的，工艺特别复杂：它的桥身北侧略高，南侧略低，这种倾斜的结构让修复难度增加了很多。

问：您是怎么判别一座廊桥建造的好坏的？

曾家快： 关键还是看一下廊桥的承重，别的都没多大的区别，现在每一座廊桥做下来中间都会弯，只是弯多少的问题，要看它的弯曲度怎么样。

有一次福建寿宁那边有一个地方让我去做廊桥，他问我中间不弯的能不能做，我说我给人家做的也是不弯的啊，为什么到你这里才做不弯的。我给他说，廊桥做好了中间一定会弯，但是就看你怎么做了，可以先把中间垫高，这样弯下去之后就刚刚好，但是时间久了还是会往下弯的，这个你控制不了。但是如果一座桥弯的幅度比较大，那么它的寿命就会短一点，有经验的师傅至少会考虑好近百年的情况。

别的地方哪里做得好看都是没用的。比如当时做得好好的，太阳一晒柱子就裂开了，榫头插进去肯定会空掉的。以前做得好的，全部都是用老的杉木，在家里搭一个棚子，把杉木放在棚里晾干，直接用干的木头做是最好的，这样不容易裂。

问：廊桥在选址上有什么需要特别注意的？

曾家快： 选址一般都在村尾的地方。以前要找基地硬一点儿的地方，桥两岸都比较好施工，现在都不需要了，在哪里都可以，都可以用现代技术加固。

现在的桥墩外面是条石，里面是混凝土，在以前都没有。就像2016年被洪水冲毁的桥，都存在同一个问题，桥墩外面都是大的卵石做的，卵石的缝隙比较大，经过百年的雨水冲刷，桥墩都不牢固了。

问：您认为在廊桥建造中有哪几步是最关键的？

曾家快： 大家都问这个问题，我说的都一样，没有一个不重要，也没有一个最重要。因为整座廊桥都是千年传承下来的，只要是没有用的部分，肯定都直接舍弃掉了，没有用的部分放上去既费工又费力。所以每一步都重要，不重要的早就拿掉了。用上去的构件都很重要，缺一不可，只要用上去的木头都有它自己的作用。比如现在都说廊桥不用钉子，其实不是不用钉子，而是用不上钉子。

问：您在建造修复廊桥的时候有没有什么独门的技术和创新方式？

曾家快： 我在廊桥施工上基本上没什么创新，唯一在跨度上可能还有点儿创新，跨度比较大。但是廊桥已经经历过很长一段时间的摸索，经过了几千年的检验，再去改动，我觉得也没必要。廊桥目前的结构体系，我觉得已经非常成熟了，要变也应该只有廊屋，以前一般廊桥是一层的，比较省钱，一般建造两三层的是资金比较充裕，比如哪个村子比较有钱，会做两三层的华丽的廊屋。

第三节　代表作品

1. 广泰桥

2. 文兴桥，位于浙江温州市泰顺县筱村镇坑边村，横跨玉溪之上，全桥长 40.2 米，宽 5 米，单孔净跨 29.6 米，距水面 11.5 米，为叠梁式木拱廊桥。2016 年因台风"莫兰蒂"带来的暴雨严重影响浙南地区，廊桥文兴桥被洪水冲毁。2017 年曾家快带领团队成功修复文兴桥。

>>> 第四章 代表性传承人——曾家快

广泰桥

广泰桥修建过程

文兴桥

第五章

代表性传承人——郑昌贵

第一节 大师简介

"匠心修复,廊桥重生",这是 2017 年 3 月 5 日"最美温州人——2017 感动温州十大人物"颁奖典礼上对于非遗传承人、桥匠郑昌贵所属的泰顺廊桥修复团队的颁奖词。

1957 年出生于浙江泰顺的郑昌贵,从学徒成长为一个大师,经历了 36 年关于木工建造行业的沉淀和磨炼,郑昌贵对于木拱廊桥的建造技术造诣已然到达一种炉火纯青的境界。木拱廊桥,桥廊专家唐寰澄教授在《中国科学

郑昌贵接受采访

技术史·桥梁卷》中称赞道,"是世界桥梁史上绝无仅有的一个品种,在世界桥梁史上唯中国有之",但是随着现代交通方式的多样化发展,廊桥悄悄在时代中开始消失,而郑昌贵的团队作为目前国内剩下的为数不多的廊桥保护修复队伍之一,一直默默地为保留下廊桥最后的火种做着自己执着的努力。

扬名姻缘桥

温州泰顺县百丈镇岩上乡正是郑昌贵出生的地方,"四面环山、贫穷、全是荒地、经济落后、年轻人在本地找不到活儿",这是当郑昌贵回想起当年的时候,脑海中浮现的关键词。在郑昌贵少年时期,村子里年轻人流行到外地去找活路、讨生活。怎么讨?就是做木工,从郑昌贵的爷爷开始就是靠着这门手艺养家糊口的了。"我的爷爷、爸爸都是做这个的。"郑昌贵说。

姻缘桥

18岁的那年,郑昌贵离开家乡来到福建,开始跟着当地一个叫作夏立忠的木工师傅学艺，回想起学徒日子，郑昌贵摸着手上厚厚的茧子感叹："当学徒很苦，起早摸黑一天要做 11 个小时，一年要做 320 天。"

郑昌贵与廊桥图纸

"那个时候苦是苦，但学到的手艺是自己的。有手艺就不怕饿死。"功夫不负有心人，三年后，郑昌贵学有小成。2012 年上半年的一天，已经分别很久的师父突然找到郑昌贵，请求郑昌贵协助自己一起去泰顺的联云乡造一座廊桥。

廊桥，郑昌贵自然熟悉，毕竟之前也接到过修补廊桥的活，但是要说建造一座廊桥，对于郑昌贵来说还是第一次，心中难免有些激动和忐忑。师父夏立忠当时宽慰他道，只要琢磨通透了，就会发现中国建筑很多方面是相通的。

"但是哪有这么简单呢，研究下来我才发现，造一座几米的桥，比造几百平方米的房子难多了。"郑昌贵说，"造房子，横是横，直是直；造桥，不确定的因素太多。最难的就是桥苗（廊桥的下部结构），三节苗也好，五节苗也好，外行人是看不出差别的，但其实每一节的角度都是要算过的，一旦算差了，桥就搭不起来。"

正当郑昌贵准备着前期规划测算工作，刚刚兴致勃勃地琢磨出一种新的计算方法的时候，突然传来师父夏立忠因病去世的噩耗，留给郑昌贵的只有几张草图以及些许早已完成的木刻雕花。

郑昌贵悲痛交加，师父撒手人寰，但是廊桥还是要建下去，这对于当时还是第一次建造廊桥的郑昌贵来说，无疑是一个巨大的挑战。怀着无限的悲伤，7个月后，郑昌贵最终扛起大旗，完成了联云乡的这座名叫"姻缘桥"的廊桥。

"当时泰顺已经有很长一段时间没有新建的廊桥了。"郑昌贵回忆道。泰顺出了一个廊桥师傅的消息很快就在四里八乡传播开来，邀约纷至沓来。在那几年，苍南大峨廊桥、筱村文弘桥、将军桥等等在郑昌贵的手中一座座诞生。

薛宅桥"学习"

在郑昌贵看来，建造越长的桥，就越不容易，越有挑战性，越能体现出他的手艺。让郑昌贵意想不到的是，在自己建造了那么多廊桥、已然成为公认的优秀廊桥师傅之后，还能遇上一个特别的"学习"机会。郑昌贵从家中拿出一份图纸向笔者展示，图纸上写着"泰顺薛宅桥修复"的字样。

薛宅桥又称锦溪桥，始建于明正德七年（1512年），后多次重建都毁于水患。2016年9月中旬，台风"莫兰蒂"登陆中国长江中下游地区，泰顺三座国宝级的廊桥就在此次台风中被洪水冲垮。当时泰顺县非常重视这个问题，立刻成立了修复小组，分别由三位木拱桥传统营造技艺传承人带领的修复团队，而薛宅桥则正是郑昌贵当时所负责修复的廊桥。

时间紧，任务重，这是郑昌贵对于此次修复的评价，6个月之内要完成廊桥修复的构件收集、地质勘探、施工图设计审查、施工单位招标等前期工作，在当时薛宅桥修复保护工场，推开工场门，就能听到不停歇的锯木头声。从2016年3月25日开始直到工程结束，郑昌贵就住在工场二楼的宿舍里，每天从上午7点开始工作，到下午6点才结束一天的工作，正是这种不怕苦不怕累、认真负责的精神，薛宅桥复原所需要的1000个桥身构件才能在极短的时间内赶制出来。

"木构件的修复工作已经基本完成了，这几个月唯一的困难在于薛宅桥的桥屋的牛头梁还没有找到，近几个月找了两三次，因为季节不对，找来的总是不合适。接下去几天找来的应该没问题了，很快可以进行施工。"郑昌贵解释。

"复原要比造一座桥难多了。"郑昌贵告诉笔者，第一步是找回那些被冲走的老构件，"大构件基本都还在，小构件基本都没了，最远的是从福建找回来的，最后差不多找回来六七成的样子。"但也不是所有找回来的老构件都能使用，经过文保专家的研究和反复论证后，郑昌贵和团队的师傅们对构件进行了加固或者重新定做，光材料准备就比造新桥多了个把月。

"这座桥（薛宅桥）年代已经很久了，是清代建造的，因为是复原，所以必须按照以前的那种复杂的技巧去建造，不能用当今的新技法。但是在这次复原中，我也学到很多造桥的技巧，非常珍贵，非常有意义，真的体会到了学无止境。"

"对哩，当时修桥的时候，大概在七月份的时候，镇上的领导还拿着冰西瓜和饮料来工地上看望慰问我们呢！"说到这里，郑昌贵脸上一脸自豪。

模型桥传承

在笔者问到"传承、徒弟"的话题的时候，郑昌贵表情还是有些落寞，他至今没有收徒弟。"木工是体力活儿，脏活儿、苦活儿，现在也不怎么能挣钱了，所以没有人愿意来当木工学徒了。"郑昌贵向笔者感叹，实用性功能渐渐退化，观赏性功能的比重越来越大，而单单从实用性功能来谈，许多村已经不需要新的木桥了。郑昌贵最近造的一次桥是在泗溪镇。"不是真的搭在河上的，只是作为旅游标志物，搭了一个缩小版的。"他边说着，还用手边比画了一下。

手艺如何传承？记者向郑昌贵询问。"我是有一些考虑的，这两年去了一些展会，经常会有人过来问，有没有廊桥的模型。现在好多东西都流行做模型，做迷你的，我也在着手准备弄这个，已经有北京的交流活动主办方邀请我带着作品过去了。"郑昌贵解释道，他将笔者带领到院子内，可以看到已经摆放着一些微型廊桥部件以及一些还没打磨好的原材料了。

北京文化局首次与大运河沿线的多个省市文化厅局联手在中国农业展览馆举办"流动的文化——大运河文化带非遗大展暨第四届京津冀非遗联展"。而作为发源产生于泰顺的世界非物质文化遗产——中国木拱桥传统营造技艺应邀赴首都参展。

在展会举办期间会经常看到这样有趣的一幕：许多游客惊讶和好奇地站在廊桥展区前问："现在哪里还有这种桥？""这个木头不用铁钉固定吗？""这个桥全都是木头吗？""为什么叫廊桥？"而作为非遗传人的郑昌贵和非遗中心人员每天一遍又一遍不厌其烦地重复向参观群众解释着："木拱桥传统营造技艺是用原木材料，以榫卯连接并构筑成极其稳固的拱架桥梁技艺……"从郑昌贵眼中看不到丝毫不耐烦,神采奕奕的眼神中充斥的全都是兴奋。

正是郑昌贵以及无数像郑昌贵这样的非遗继承人正在极具社会责任感和历史使命感、不遗余力地保存着独属于中国的火种。

第二节 口述实录

问:您在学习廊桥的过程中,有没有什么比较难忘的事情?

郑昌贵:说起来做廊桥,其实,我们做廊桥也没有做多久,最近几年才造了几条廊桥,几十年前都没有廊桥造的。以前我们都是盖一些民房为主的,因为我们一开始都是学的大木,都是做木房子的,这个是我们从小开始学的,也比较在行。开始做廊桥是在十几年前,当时国家对廊桥越来越重视,我心里就想,如果以后有机会的话,自己能够造一座廊桥那就太好了。

郑昌贵接受采访

其实，我师父也一直有这样的想法，后来他在连云那边造了一座姻缘桥，当时就是我跟我师父一起做的。师父他曾经也这样说过，他说，他做木工也是很大的师傅了，什么东西都会做，什么样的房子都能盖得起来，但是廊桥如果造过一条了，哪怕做一条很短的廊桥，死掉了也能安心了。后来做的姻缘桥也就只有十几米长，他也算了了心愿了。当时我是跟着师父一起在那里做，但是那座桥还没有盖成功，他就生病去世了，后来我继续把那座桥建成了。在这条廊桥建好之后，我师父也不在了，我就开始一门心思地钻研廊桥。后来大的廊桥又盖了一条，然后就到这里做一条那里做一条，这样慢慢地做下来了。

我自己觉得这么多年很值得，我们国家既然对廊桥那么重视，那我就专心地想把廊桥做好，现在其他的东西也不太做了，都是以做廊桥为主。

问：挑选建造廊桥的木料都要注意什么？

郑昌贵： 木材砍伐的时间点要特别注意，是有季节要求的，我们一般要求要在下半年砍，因为上半年砍的木头比较容易开裂，而且容易被虫吃掉，但是下半年砍掉的木头就不会出现这种情况。

一般不同结构部位的木料需要多大尺寸，我们都要自己提前计算的，这样才能有针对性地去选择木料。哪个木料需要多大一定要选好，如果选小了，吃不住力就会断掉，这个是有讲究的。

问：现在建造廊桥取材的难度大吗？

郑昌贵： 我们建造廊桥主要选用杉木，杉木是最好的。现在相对来说还好找一点儿，只要不是特别长的都好找，一般在40米以内的跨径都可以找得到，但是如果跨径超过40米的话，木料就比较难找了，尤其是桥底下的桥苗更难找。

建桥属于重活儿，做别的木工活都没有那么重的，但是做桥这个东西就特别重，尤其是桥底下的料木那么粗、那么重，有时候取材确实会有一点儿难度。

问：我们现在建造廊桥的时候，还保留有哪些原来的习俗？

郑昌贵：现在建造的时候，保留下来的习俗已经不多了。比较常见的就是会挑选一些吉利的日子，比如什么时候开工、什么时候架桥苗，这些都要选日子，这算是民间一直在延续的风俗习惯，基本是少不掉的。就好像我们盖房子一样，都会选一个吉利的日子去上梁。

问：建造廊桥的工具和普通的木工工具有区别吗？

郑昌贵：区别不大，以前做木结构房子的工具在建桥时都能用得上。但是现在增加了一点儿机械化工具，以前是没有机器的，都是用手工做，现在增加一些像电锯之类的机械设备，施工速度会快一点儿。

问：廊桥在建造过程中有没有什么特殊的技艺？

郑昌贵：要说特殊工艺的话，主要是在桥底下的桥梁部分，主要的技巧也都是在桥底下，如果只是桥上面，一般的木匠师傅都能做得起来，所以主要的难点就是在桥下面的桥梁。桥梁如果搭不好的话，整个桥就都会塌掉的。

廊桥下面是不用钉子的，其实也不是不用钉子，而是钉子派不上用场。钉子不管有多大，都是不可能钉牢的，而且整座桥的压力这么大，钉子是起不了作用的。

问：廊桥选址一般要满足什么样的要求？

郑昌贵：廊桥最主要的作用是给人家过路方便。选址上来说，以前廊桥都是建在农村里，一般来说每个村的水尾都是村里的道路会穿过的位置，所以起到过路的作用，就和有些村建的水泥桥是一样的。

大家也会经常来这个桥上玩儿，因为有山有水的，空气也好，所以都来这里玩。其实有点儿像我们现在的这种广场的性质，相当于村里活动的一个聚集地。以前廊桥上也会开店铺，道路从这座桥经过，桥两侧就是商铺，很热闹的，桥上相当于旺铺了。

问：您在修复薛宅桥的过程中，有什么比较难忘的事情？

郑昌贵：也没有哪一件事情特别难忘，只不过修复这座廊桥的难度确实比较大，因为我们修复的是国保廊桥，所以一定要按国家和设计专家的规定来做，我们自己不能乱做的，以前是怎么样的就要照那样子修复起来，不能有任何改变，这是有点儿难度的。修复的过程中，常常有专家组成员过来查看，修复的部分如果和原桥有偏差，那么这一部分还要拆了重修。

我们修复的第一步就是还原它原来的结构，就是我们把原来的旧料收集回来，原来这根木料在哪个地方，我们要把它放到哪一个位置去，我们要自己判断出来。一开始还是在工场里制作一些木构件，等到桥架搭好了，我们也就不在工场里工作了，基本不管是大热天还是暴雨，我们都在桥架上工作，那段时间确实很辛苦。

问：在您新建的廊桥里，有没有哪一座是您最满意的？

郑昌贵：基本上差不了多少，要说满意的话其实都不大满意。一座桥如果想要做好的话，钱是一定要够的。就好像有条桥你叫我做，但是钱太少，木料、人手等各方面都会受到影响，这样做出来的东西可能就没有那么美观，而且细节也做不了那么好。如果钱给充足了，各方面的条件也都比较好，东西做出来就比较美观、细致。好像你这座桥给我30万块钱去做，东西做出来就没有那么讲究，如果有50万块钱给我们做，那做出来就漂亮很多了。

修复的廊桥就不用说了，反正都是按原来的样子去修复，主要是在于还原它的样貌。但是新做的廊桥，如果资金给我们满足了，那做出来肯定是让人满意的，不只群众说满意，我们自己也觉得满意。

问：您觉得在廊桥建造的过程中，最困难的是哪一步？

郑昌贵： 建造过程中最困难的就是安装桥底下的那些桥苗，因为桥下的木头比较大，四五个人都抬不动，安装起来非常吃力。等到桥下的结构做好了，桥上面的廊屋部分就省力一点儿，因为木头比较小。

修复或者建造一座廊桥也要考虑好时间的选择，像小一点儿的廊桥修复起来可能只需要两个多月到三个月，像被洪水冲毁的三座国保廊桥，基本都是需要一年的时间去修复。按照时间来算，如果是上半年开始做，一定要挑选好安装时间，因为如果你桥架搭起来，桥梁还没有安装好，就遇到了洪水，那有可能会把桥梁和桥架一起冲走。所以，桥梁的施工也受到天气的影响，天气不好、下雨多就慢一点儿，下雨少一点儿就会快一点儿。

问：您在选择徒弟的时候有什么样的要求？

郑昌贵： 要求的话其实也要求不来的，因为现在愿意学徒的人是比较少的，现在大家的生活水平都提高了，生活也过得好了，那些年轻人一般都不想学这个了。像我们做工的人，天一亮就要起床，一天要做九个小时到十个小时的工，年轻人大多数都吃不消，都是要中年人才愿意做。

我们一般都会选会一点儿木工活儿的人，带着他们跟我们一起做。如果把什么都不会的新手带过来，首先他什么都不懂，而且一般也不愿意学。以前有一点基础的人，他会愿意来学这门手艺。现在的年轻人生活条件太好了，普遍都吃不了苦，像我们这一代人就比较能吃苦，可能因为已经苦过来了，我们是先受苦的，所以现在也就不怕艰苦了。

一般我带徒弟的时候，都是我们做什么就带他做什么，所有的活儿都在一起做，像手艺这种东西，不是一两天就学得起来的，都要用几年的时间去学。一开始有些粗活叫他做一点儿，先从基本功开始学，一般的粗活儿会干了，他就慢慢地可以去学习其他的东西了。如果粗活儿都不会干，叫他刨木、绑木他都做不来，他就还没有到继续往下学的那个程度。让他画柱洞之类的东西画起来不准确，做起来会歪的，功夫做到那里了，自然会学到的。就和读书一样，基本功没有学到手，原理教给你了也没有用，所以，首先基本功要好。

一般我的徒弟学到了什么程度，我都是知道的。他如果在我身边，有的东西给他试做着看，如果做起来都可以，什么东西都能懂的话，我就可以放手让他自己去做了。

问：在接下来廊桥传承的过程中，您最担心的问题是什么？

郑昌贵：现在我觉得廊桥要传承下去的话，我最担心的东西还是收不到年轻的徒弟。如果在我们带徒弟的时候，政府可以给这些年轻人在经济上有一定的补助，那徒弟就比较好带一点儿。如果都没有补助的话，徒弟带过来他也不会愿意做的。如果我们工资给他开得高，我们自己也支撑不起，开得低他又不做了，这一点是挺困难的。

现在一个徒弟带过来，如果我们给他的工资开得跟其他师傅一样，我们确实负担不了。因为徒弟一开始过来，他也干不了多少活，因为这些工作他都不会，都做不来。就好像那些木工师傅一天的工资是300块，徒弟一带过来工资也开300块，那些老师傅也会有意见的。因为他100块钱的东西都做不出来，甚至50块钱的活儿他都做不出来。但是徒弟带过来之后，只给他50块钱工资的话，他就不学了，只有给他的工资和其他师傅一样，他才会去学。我们以前当徒弟的时候，一年才50块钱的工资，现在的年轻人一天200块的工资他也不愿意学。所以如果要把这个技艺传承下去，徒弟是一定要再带几个出来的，一定要政府给我们更多的支持，这样的话还比较容易一点儿。

问：您心里最漂亮的廊桥是哪一座？

郑昌贵：要说最漂亮的话，按照现在大家的审美，龟湖那条廊桥外观看起来是比较漂亮的，而且现在龟湖那条廊桥也算是比较长的。对于廊桥来说，本来也是越长越好看，短就不好看了。但是除了长度和外观之外，建桥最重要的还是它的质量，因为桥是要给人走的，所以不论多长的桥，质量都一定要达标。

问：现在有没有一些比较活跃的廊桥协会？

郑昌贵：现在协会是没有的。一般来说像这些修复的桥，都是县里面直接安排的。如果新做的话，就是哪一个村做，喜欢哪一帮师傅做，就找哪一帮师傅去做这个事情，都是根据村里面的规定。尤其是修复老的廊桥，都是按照政府规定去做的。

现在因为会这个技艺的师傅比较少，大家也都没有什么竞争关系，都是看政府里的需求。比如我们厂里有三位传承人，我们这个团队就是每个人分头负责一个项目，有项目来了大家谁有空谁就去做。

第三节 代表作品

1. 薛宅桥的重建：薛宅桥，位于浙江省泰顺县三魁镇薛宅村，始建于明正德七年（1512年），后多次重建都毁于水患；现桥建于清咸丰六年（1856年），全长51米，宽5.1米，单跨29米，离水面高10.5米。该桥拱矢斜度较大，建桥屋15间，桥头坡度30多米。《中国桥梁史话》有载。2016年9月15日，国家级文保单位泰顺著名古廊桥薛宅桥被洪水冲垮。2017年，郑昌贵带领团队成功修复薛宅桥。

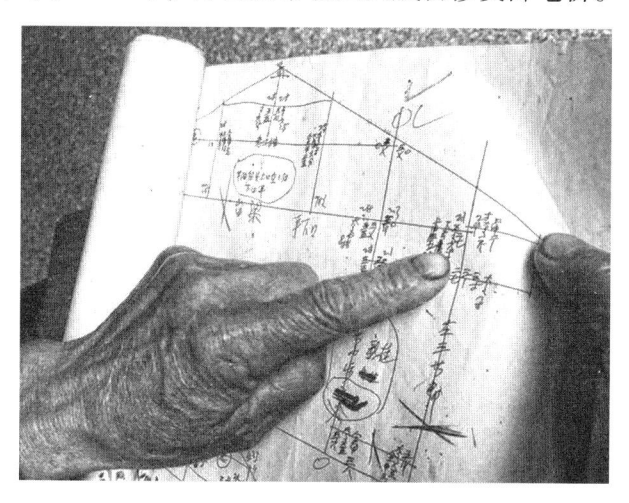

薛宅桥图纸

薛宅桥（1）

薛宅桥（2）

2. 温州苍南大峨廊桥：2014年9月动工，2015年10月竣工，历时一年零一个月。

大峨廊桥

第六章

代表性传承人——赖永斌

第一节 大师简介

70岁的赖永斌是国家级非物质文化遗产项目木拱桥传统营造技艺代表性传承人董直机师傅的徒弟,从17岁开始就跟着董直机做活。"我在林厂工作,师父看中了我,就跟我父亲说让我跟他去学手艺。我简单收拾后搬到了师父家,此后,除了逢年过节能回家外,就都住在师父家二楼的小房间。"赖永斌说,学艺那段时间,天亮了就开始砍斧头、学长刨……天黑了就睡觉,"我20多岁造了第一座木房子,那户人家送了我猪头、伞、鞋子,我提着20多斤的猪脚去师父家,这就算出师了。"

赖永斌接受政府表彰

改革开放后，公路桥纷纷出现，木拱廊桥不怎么被人关注，所以在泰顺当地找到董直机前，赖永斌并没有系统地学过木拱桥传统营造技艺。后来跟着董直机造桥，他才掌握了这门技艺，成了非遗传承人。

2016年9月15日，台风"莫兰蒂"带来的暴雨严重影响浙南地区，当天上午10时左右，文重桥不幸被洪水冲毁。赖永斌是带队修复文重桥的传承人，文重桥系伸臂梁木平廊桥，始建于清乾隆十年（1745年），石砌的桥墩架着原木铺上木板而成，桥面一溜平直，桥廊是半开放式的，即迎风的一面全部封闭，另一面仅筑有栏杆和桥裙，可以凭栏远望。

作为修复该桥的主要负责人，赖永斌当时几乎每天都驻守在工地上。廊桥修复最难的是"修旧如旧"，在桥架搭建过程中最要紧的在于将原构件一一"归位"，一步错可能就要推倒重来。文重桥的46根廊柱中，有23根是老木头，占了总数的一半。不过，即便是修复采用的新木料，也都是70多年的本地杉树。为了尽早抢在台风汛期前完成工程，赖永斌当时住在了桥边，3个月没有回岭北的家。修复工程现场最多时有20多位工匠在加班加点地进行着工作。

文重桥底下是几百吨重的石墩，承载着溪水的流淌，木结构的桥身是平直的，在大山溪水之上显得小巧而精致。赖永斌印象最深的是村民们对这座桥的情感。"好不容易挨到休息的时候，我已经很累了，但是几乎每天都有村民来找我聊天，跟我讲这座桥过去的故事和桥上的一些建筑细节。我只好坐下来陪他们聊天，把桥修复得再好一点儿。"筱村人民对文重桥和文兴桥的感情非常深。不仅如此，还常常有村民前来慰问赖永斌和他的团队，给他们递烟递水，村民们心里很清楚，建好后的文重桥，还是他们村里的那座桥。

<<< 第六章　代表性传承人——赖永斌

赖永斌在廊桥施工现场（1）

赖永斌在廊桥施工现场（2）

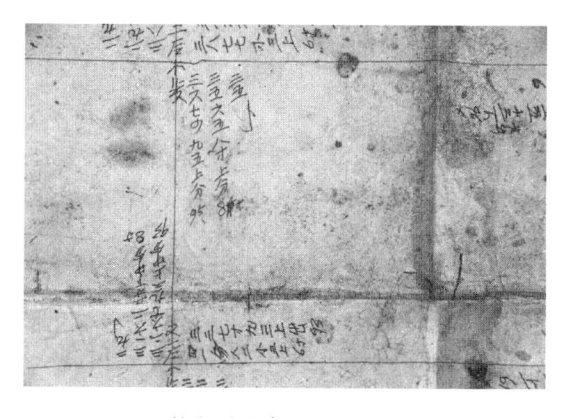

赖永斌的廊桥修建图纸

第二节 口述实录

赖永斌接受采访

问：您学习廊桥是一个什么样的过程？

赖永斌：我是国家级非物质文化遗产项目木拱桥传统营造技艺代表性传承人董直机师傅的徒弟，他现在已经去世了。我在很小的时候，大概17岁开始就跟着他学习木工。以前的时候我们学习的都是大木作，就是盖家里的那种木结构的房子。

后来木工技术学好了，就跟着我师父去盖桥，盖的第一座桥叫安富桥，在福建省和浙江省的交界处。安富桥盖好了以后，一直到2004年，我又去修了另外一座桥。我师父那一年已经79岁了，年龄太大，不能到现场去了，所以当时就由我在负责帮他带班。2004年把那座桥盖好之后，就有美国的专家来考察这座廊桥，当时美国对我们的评价挺好的。在他们来看的时候，我们一直等到晚上12点也不敢睡，因为不知道要评到什么时候，后来到12点多钟文物局的电话打过来了，告诉我们这次的评价非常好。美国人当时评价我们说，这是中国对于廊桥建造的一次重大实验，这里是最好的中华廊桥发源地。从那之后我就到了温州，这里修一座桥，那里修一座桥。

2016年9月15日，泰顺这里经历了一场很大的洪水，有三座国保廊桥被冲毁了，我们这边的领导真的很好，一边要救灾，一边又号召大家把冲毁的廊桥部件寻找回来。我们文物局的领导和同志们也是很有雷锋精神，大家都下到水里去找廊桥的木头，全身都很脏，也很累，后来就把我们国保廊桥的木头都捡回来了。在这之后，文物局的领导就叫我们三个传承人去开了个座谈会，当时说得也很清楚，这个廊桥的事情，以前是怎么做的我们传承人都很了解，还能不能把它们修复起来。我们三个传承人第二天马上就来看桥，也就是薛宅桥、文兴桥、文重桥这三座桥，去看了之后我们三个的心中也就有数了，所以，我们当时就说你们放心，这个廊桥还是可以完整地修复出来的。在修复这几座廊桥的时候，我们到桥上看到了很多老年人在那里，都在流着眼泪。我说你们不要流泪，现在有党的领导，廊桥我们一定能做出来。

我们开始修复廊桥的时候，其实就是在跟以前造桥的师傅学习，虽然他人不在了，但是廊桥反正就在这里。哪一条木料它有破损，我们就再找一条把它替换下来，最终把这个廊桥再一模一样地做下来。所以，我们做廊桥也是在不断地学习，每修复一座廊桥，都是在跟原来的造桥师傅学习，做到哪里，学到哪里。

问：在跟随师父学习的过程中，有没有什么难忘的经历？

赖永斌：我的师父今年94岁了，他对人很好，前几个月刚刚去世，他过世之前叫我们三个传承人过去，那是我最后一次和他说话，那次和我们说完他的心愿也就算了结了。他当时很清楚地交代我们，廊桥一定要坚持下去，你们也这么老了，但是不要停，徒弟要继续带下去，一定要把廊桥坚持下去。我们三个答应他说，您放心好了，您身体能好起来是最好的，哪怕好不起来了，我们三个人也一定把它坚持下去，廊桥一定不会被丢掉的。

问：廊桥在选材上有没有什么特殊要求？

赖永斌：取材的话，一年可以取两次。第一个时间是从清明过后十天开始，可以砍十天的木头，十天之后再砍的木头就没用了，因为后面再砍的木头，打洞的时候会开裂。下一个时间就是白露以后，白露过后开始砍，这就没事了，可以一直取到冬天。白露之后木头的皮会裂开，把皮剥掉桥下刚好能用。一年就是这两个时间可以取材。

问：现在建桥取材的难度大吗？

赖永斌：说起来这个材料，既好取也不好取。你看在这些树林里面，我们做桥要用到的木料要很老的，树龄只有十几年的树，我们做桥是不能用的，在桥下的木头都要是很老的树，所以说起来取材也不简单。

现在一般都是要选择30年以上树龄的树，才能用来做桥下的部分。没到这个时间的树砍下来，马上就要开裂了，就像我们人一样，十七八岁的时候还在长身体，还没长大，老一点儿的树它的身体都长好了，砍下来就不会这么容易开裂。建廊桥大家说起来都很简单的，但是桥做起来是要给人走的，这就很难做了。

问：我们现存的这些廊桥有没有比较明显的种类区别？

赖永斌： 桥梁结构上基本都差不了多少，无非是有一些大小、尺寸上的变化。长的廊桥，桥面就长一点儿，短的廊桥桥面就短了，基本上原理差不了多少。木料大了，榫头就大一点儿，木料小了，榫头就小一点儿，榫头样式都差不多，但是大小会有所变化。

款式上来说，就是桥上面的廊屋有所不同，有一些廊屋做得会复杂、精美一点儿，有一些廊屋做得比较简单，主要就是这方面的区别。

赖永斌介绍正在修建的廊桥项目

问：您在修复文重桥的时候，遇到最大的难点是什么？

赖永斌： 我们在修复的过程中，其实，第一个星期难度是最大的。因为现在新的图纸拿来我看不懂，我就说我们能不能按照以前老师傅的做法做，把以前老桥的图纸找过来，但是以前的图纸已经没有了。所以，第一个星期，我们都在还原老师傅的图纸，等到图纸还原出来以后，就按照程序一步一步往下走了。

当时在修复的过程中，好不容易挨到休息的时候，我已经很累了，但是几乎每天都有村民来找我聊天，跟我讲这座桥过去的故事和桥上的一些建筑细节。我只好坐下来陪他们聊天，希望把桥修复得再好一点儿。当地的村民对这座桥的感情非常深，还常常有村民来慰问我们团队，给我们递烟递水。

问：新建一座廊桥大概需要多长时间？

赖永斌：一般新建一座廊桥的话大概需要七个月，没有七个月是做不好的。桥梁和廊屋都是要花时间的，比如现在桥修好了，但是上面的廊屋也要一个多月才能建好，这都是属于桥的建造时间。所以，一座廊桥想要全部做好，基本上都是要七八个月的时间。

如果是赶上了有洪水的季节，建造时间也是很紧张的，因为桥要马上盖好，不然就要被洪水冲塌了，所以，施工一定要赶在那个时间节点之前。

赖永斌介绍木工工具

问：您现在有带徒弟吗？

赖永斌：我是有两个徒弟的，都是从小就跟我学的，现在也跟我一起做廊桥，平时他们两个都在我这里的，今天刚好有事回家了。我的两个徒弟现在都可以放手了，他们都已经会做了。他们一个是二十岁、一个是十几岁就开始跟我学了，现在都有五六十岁了。平时如果我不在现场，他们两个自己也能做起来，所以，我现在修桥的时候，有时候就不用自己做了，指导他们一下怎么做，他们就可以做了。

现在徒弟也不好找了，首先学廊桥的人力气要大，力气小的学不了。我们整天在那边晒太阳，非常辛苦，很少有人愿意来学。一般每天要工作八九个小时，遇到了下雨天也要在上面做，工资低的话他们可能就想着，算了，还是回去吧。所以，廊桥以后想要传承下去，这也是一个难点。

问：您评价一座廊桥好坏的时候，最关注的是哪一点？

赖永斌： 我们谈廊桥的时候，第一个就是要牢固，首先就是要抓牢固性，有牢固就有安全，安全和牢固这两个词不能分开，安全就是牢固，牢固就是安全，这个点也是我们所有传承人都会抓住的点。说到底，这两个问题只要抓好了，廊桥盖好就一定没问题，所以，牢固是建桥的第一关。

赖永斌接受表彰

第三节 代表作品

文重桥修建

冲垮前的文重桥

修复后的文重桥

第七章

代表性传承人——郑多雄

第一节 大师简介

古时寿宁山多林密，处闽浙交通咽喉，先辈们遇水架桥，根据当时时代的需求建造了许多廊桥。而如今，随着交通方式的多样化，木拱廊桥实用性功能越来越低，但依然有越来越多的乡村有兴建木拱廊桥的意愿，通过传统技艺建造的木拱廊桥既能提升村容村貌，又能成为乡民寄托美好愿望之所。福建省寿宁县犀溪镇武溪村，一座木拱廊桥正在用古老朴实的传统技艺进行施工……工地上"总工程师"则是建筑施工的核心工匠郑多雄，当地人习惯于将建桥的灵魂人物称为"主墨"。没有图纸，没有模型，他靠什么建起这样一个庞然大物？郑多雄有他的秘密——"廊桥天书"，这是一片床板，上面满是字迹，旁人难以解读。

独创天书，巧夺天工

木拱廊桥作为世界非物质文化遗产之所以被世人所熟知，是因为历代工匠们别具匠心、巧夺天工的建造技巧。郑多雄介绍，木拱廊桥以梁木穿插别压形成拱桥，底座由数十根粗大圆木纵横拼接对拱而成"八字结构"，整个结构除两端拱木脚架在桥台卡口外，都是通过木构件的纵横相贯，穿顶别压，互相承托，最后达到完整与稳定，结构简单，却又坚固异常。

郑多雄的廊桥修建图纸

"不用一钉寸铁，只凭榫卯衔接。使用短的构造材料，却形成了大的跨度，这是木拱桥营造技艺的独特之处。木拱桥的结构形式是造桥工匠们独创的，是一项很有价值的创造。这个创造的过程离不开工匠们前期的不断尝试、钻研、实践和艰苦努力。"长期从事木拱廊桥研究与保护工作的寿宁县博物馆原馆长龚迪发说。

由郑多雄主墨的团队在建造廊桥时，都是采用极其朴实的传统技艺。令人奇怪的是，郑多雄的家里、工地上会常常出现一些木床板，远看，床板上似乎满是污渍，近看，那污渍其实是用墨汁写成的中文数

郑多雄介绍廊桥修建图纸

字，它们七八个一群、五六个一簇地分布在床板上。

郑多雄解释说："这就是我的施工图纸，随着廊桥边建边'绘制'，直到廊桥竣工前夕这张图纸才'绘制'完成。这两片床板就是此前建造济峰桥时所用的一部分图纸。"这图纸与现代施工图纸完全不同，上面没几何线条、通用符号、标记标识，只是在床板各处写下数字和极少的方位注释，宛如天书一般。

郑多雄解释，建桥所用的木料不可能都是标准件，更具地形地貌等其他因素，原材料的长短、粗细、曲直、密度乃至重心都各有不同，而这些数据则正是被郑多雄密密麻麻记在了木板上。从加工到"绘制"再到搭建，让每一根木料都能发挥出它最大的功能，放在最适合它的位置上，从而构架出一座稳定、坚固的廊桥。

"点墨绘草图，建造心中桥。"这句话正是在形象地说郑多雄，怪异、独特，但是又异常实用、方便的施工图纸绘制，也正体现了用传统技法建造廊桥的神奇之处。

家族技艺，薪火相传

近年来，廊桥文化逐渐在全国范围内引发关注，闽浙两省也积极联合将廊桥申报"世界文化遗产"。当人们整理有关廊桥文化资料时发现，廊桥的建造技术在小县寿宁等地源远流长，已有数百年。

今年89岁的国家级技术传承人、郑多雄的哥哥郑多金是寿宁县小东村廊桥建造世家的第七代传人，其祖师是小东村造桥工匠徐兆裕。要是提起坑底乡一带有名的木匠师傅，十里八乡的乡亲们都会提起郑多金的父亲郑惠福。郑惠福一生主持盖过86座房子，原先只是作为一个普通的建筑工人和木工，丝毫不懂得造桥的相关知识。徐兆裕第四代孙徐泽长，因终身未娶，致使徐家无人继承造桥技术，便把这项技术传给了表弟郑惠福。

1923年，郑惠福按照当时的习俗敬茶拜师，经过刻苦学习钻研，很快就掌握了建造木拱廊桥的技术，从此开始了漫长的造桥之旅。徐泽长去世后，19岁的郑多金不怕吃苦，跟随父亲跋山涉水，四处奔走，从最基础的锯木、劈料、抬木等开始学起，协助父亲修建了11座木拱廊桥，足迹遍布闽浙边界各地。寿宁县的红军桥、单桥、溪南桥、刘坪桥、鸾峰桥，浙江泰顺的柿洋桥、福家洋桥等廊桥，都留下了郑氏父子的墨迹。福建福安市潭头镇潭溪桥桥梁上至今还墨书"寿邑东山楼村木匠郑惠福、郑多金"。郑家父子仗着一手绝活儿，成为当地首屈一指的造桥巧匠。

由于父亲不断监督激励，郑多金对于木拱廊桥的建造逐渐开窍，很快学有所成。1967年，40多岁的郑多金终于有机会亲手操持建造自己人生中的第一座木拱廊桥——寿宁县下党乡的杨溪头大桥。那时，他担任主墨，每天就住在工地上，就连吃饭也是在工地上解决，每天起早贪黑跟老师傅们一起进行着建桥基础材料的加工制作……经过半年多努力，终于建造起了长47.36米、宽4.99米、拱跨36.36米的大桥。

但是，闽浙山区逐渐开始流行起修建石头桥，木拱廊桥不知不觉中开始慢慢退出历史舞台。郑多金的事业此时有些沉寂了，虽说时不时会被邻村邻县的乡亲们雇请去修缮廊桥，但这位身怀绝技的造桥巧匠，却再也找不到主持建造廊桥的机会了。郑多金自此封墨30多年。

郑多金70多岁时，木拱廊桥一夜之间被各种媒体"发现"，成了文物、国宝。专家调查发现，郑多金是当时国内唯一尚健在的能独立主持建造大拱跨木拱廊桥的民间主墨桥匠，郑多金的晚年生活从此戏剧般地展开。

2001年，央视十套《探索·发现》节目组到寿宁为《虹桥寻踪》专题片取景，特意拜访了郑多金，并且为了节目效果以及让更多的人更加直观具体地了解廊桥，特意准备了一些造桥的基础材料，请郑多金在坑底乡小东桥附近现场搭建木拱廊桥。郑多金带着胞弟郑多雄仅用6天时间，便按传统办法现场搭建起了一座廊桥雏形。

2006年，因寿宁牛头山水库的建设，张坑桥和长濑溪桥要进行异地迁建，郑多金带着弟弟郑多雄主持两座桥的迁建，老人终于再圆造桥梦，并借此机会将造桥技术过程完整地呈现给弟弟郑多雄。2006年2月6日，随着福建省文化厅批复寿宁县两座古廊桥的搬迁方案，两座古廊桥的迁建工程拉开了序幕。担任两座古廊桥迁建工程技术顾问的郑多金老人，带着郑多雄及当地的能工巧匠，一同扎进深山，进驻迁建工地。郑多金老人就像回到了当年，精神抖擞地指导着工人们搭建脚手架,做好迁桥的各项工作,并让弟弟郑多雄从基础学起,记住各个细节与步骤。

不怕吃苦,立志发扬

"造桥工艺要打小开始学习,复杂的工艺流程,没有三年两载是学不成、做不好的。

"首先要从基本功开始,先练斧法,学用斧子、锯子、刨子,这活儿很苦,要学会吃苦。

"新建的廊桥,要综合考虑两岸的坚固岩石供砌桥台,注意选择位置,选择两岸距离窄一些的桥址……"

说起造桥,郑多雄有说不完的"造桥经"。

郑多雄在最开始的时候是一名石匠,对于造桥没有丝毫的基础,但是在哥哥的教导传授下,逐渐对造桥开窍,有了一些属于自己的心得。在哥哥的言传身教下,他对造桥产生极大的兴趣和劲头,开始考虑转行传承造桥技艺。在和哥哥学习期间,有过迁建芹洋乡张坑、长濑溪两座木拱廊桥的时间机会,在这两次工程中,郑多雄也认识到自己在基础上的一些不足,回家之后他找来木工工具,每天花上八九个小时练习砍、劈、削、弹等基本功,熟记哥哥传授的建桥工艺口诀。待基本功练到一定程度后,他便开始上山寻找一些适合造桥的木料,在哥哥的亲自指导下开始构架搭建木拱廊桥模型。在别人看来,完成这一系列工序实在是枯燥无味,而郑多雄却持之以恒,乐此不疲。

"建桥台,测水平,立水柱架,支天门车,造拱架,上剪刀苗、桥板苗与马腿,架桥屋等,每道工序缺一不可。刚开始每天花八九个小时制作,但第一次建了20来天仍然不成功,后来熟练了又多次尝试,终于在一个月后建好了第一个木拱廊桥模型。为了熟练掌握技巧，我后来又多次修建了不同尺寸的模型。"郑多雄说。

郑多雄的成长是飞速的，郑多金看着自己胞弟对于造桥的悟性如此之高也是非常开心与自豪。2011年，西浦村筹资修建飞云桥，郑多金为顾问，由郑多雄带领4个徒弟主持建造。此后，在多年的实践中，郑多雄的建造技艺日臻成熟。

郑多雄在行业内小有名气之后，开始思考木拱廊桥的传承问题。今年52岁的吴大根是坑底乡林山村人，15岁开始当木匠，因手艺娴熟，2001年进入苏州古建公司从事古代建筑修建。2010年，在郑多雄的邀请之下，吴大根放弃了每月上万元的高薪，加入了廊桥世家建造团队，逐渐成了廊桥建造的中坚力量。

这些年来，郑多雄组建了有七八名老木匠的建筑队伍，先后在浙江景宁县深洋村、东塘，福建福安市潭溪，寿宁县上尤溪、炭山等地主墨建造了8座廊桥，成为能独当一面的廊桥巧匠。

为了将造桥技艺传承下去，郑多雄可谓费尽心思，让他十分欣慰的是，2015年春节过后，儿子郑晖民也立志要传承造桥技艺，虎父无犬子，郑晖民加入木拱廊桥建造队伍之后，从最基础开始学起，不怕苦，不怕累，练斧法，学用斧头、锯子、刨刀，刚开始手经常磨起血泡。四五百斤重的木头也要与老师傅们一起抬，一天下来，手脚酸疼得无法动弹。

"要学造桥工艺，没有吃苦耐劳、持之以恒的工匠精神是不行的。"郑多雄说。

如今经过一年多的锻炼，郑晖民已初步掌握了基本功，虽然离掌握造桥技术还有段距离，但他相信，经过父辈的指导，工匠精神会促使他慢慢成长，把造桥技术传承下去。

"从郑多雄等廊桥工匠的身上，我们看到'工匠精神'既是一种职业操守，也是一种现代价值，一种社会信念。它是历代优秀工匠传统积淀的结果，更是科学精神、诚信意识、敬业态度、卓越情怀的综合体现。"寿宁县坑底乡纪委书记范钦说，"随着经济的发展，木匠等手工艺人少了，但'工匠精神'在各行各业都应该大力弘扬，应当成为整个时代的文化理念和社会共识。"

寿宁县不久前首次举办木拱廊桥传统营造技艺传承人与志愿者培训班，也让郑多雄看到了希望。该培训班邀请业界专家学者授课，有专业理论教学，也有现场实际操作，吸引更多年轻人加入廊桥营造技艺的传承队伍。

在寿宁县住建局工作的李振，是一名廊桥文化爱好者，参加培训班后，拥有桥梁与结构工程专业硕士学历的他，经常利用闲暇时间学习造桥技艺，"将来有可能加入郑多雄的队伍，一起组建建筑公司"。

郑多雄表示，希望有专业资质的人才加入，一起组建仿古建筑公司，那么手工艺人就有了长久的保障，薪火相传也更容易些。

第二节　口述实录

问：您是在什么样的情况下开始学习廊桥营造的？

郑多雄：我现在是省级传承人，我的大哥郑多金是国家级传承人，他今年九十多了。2002年的时候，他已经停了34年没有造桥。2001年《探索·发现》节目报道了郑多金的故事，让大家知道廊桥师傅的后代还在，还有传人。节目组邀请他去现场进行实践，在一个十来米宽的小溪上，用了大概一个多月的时间，一边做一边拆，后来桥就做成了。当时是一边做一边就拆下来，每一个部分叫什么名字，取下来给他们讲解。我们做木头的人，每个木头都要取一个名字，比如斜的就叫三节苗。

我跟我大哥学了三年，后来他路走不动了，到不了现场了，我就开始独立带着木工师傅去做。那时候非常困难，有的桥下面水很深，有十几米深，没有办法搭架，只能用木头浮起来，用山上的竹篾做成的绳子把十几根木头绑起来，先把木头浮在水面上，再搭上面的架子。生活条件也比较艰难，一天要干十个小时的工，一天赚一块多钱，一年赚三百多块钱；冬天很冷很冷，衣服也没得换，饭也吃不饱，吃的是地瓜米，大米只有一点点。

这边一个小村庄，那边一个小村庄，要从中间过去，水这么深没有办法过，做石桥做不起，他们山上有木头砍，做木桥还省钱一点儿。这个木头寿命也很长，只要瓦片盖好了，不会漏雨，几百年都可以保留下来的。石桥以前主要是做不起，没有路一定要架一个桥过去，就得村里的老百姓出钱，你出一块，他出十块，这样做出来的，一直到现在还有这种形式。

我们现在在造的这座桥，里面有个小村庄，看我们做得这么累，回家去挑了一百斤大米来，煮稀饭做点心，现在好人还是很多的。比如说我们这个桥要用两百多万块钱，他们都是村里做生意的多出一点儿钱，没钱的也出一点儿，有钱的人就多出一点儿，他们最多的一家出了十万，一万、一千、一百都有人出。

问：很多廊桥师傅都是先从木工技艺学起的，您也是先学习木工技艺再学习廊桥营造技艺的吗？

郑多雄：我刚开始的时候学的不是木工，先学的是打石头的石工。后来廊桥是我大哥让我去学，学的时候也是觉得这门技艺很难，大概学了两三年，等到大哥做不了了，就开始让我独立去做。我当时心里就有点不确定自己做不做得下来，后来就带着一些老木工去做，现在年轻的小伙子都没有人要做这一行了，都要五六十岁以上的人，一天到晚这么辛苦，干十几个小时，钱又少。我今年把孩子也带出来学了，他本来是在外面做小生意的，今年我让他到这里学一点儿手艺，先把基本功练起来。2002年到现在，我跟着我大哥造了三座桥，不算修复的老廊桥，自己又独立做了十六座新的桥。到今年我已经做了十六年了，我今年六十五岁，学艺学了三年，后来又独立做了十三年。

问：木工的工作和您以前从事的石工的工作有没有什么相似的地方？

郑多雄：木工活比较难学，窍门太多。比如说这些木头，每一根口径都不一样，里面要凿的洞全部都要自己算。有的口径不一样大，有的长，有的短，每一根木头都是弯弯曲曲的，没有非常直的木头，自己要去选。装在一起不能有差距，比如我这里凿一个洞是四方形的，你做的榫头也要和这个洞一致，差了几毫米也不行，阴天下雨的时候这个榫头还会膨胀起来，就装不进去了，还要在天气好的时候进行组装。画线的时候一分一厘都不能差，手要扣好、夹得住，线才能画得好，画下去稍微差一点点，锯下去这个榫头可能就放不进去了。

问：做廊桥的木料有没有什么特殊的要求？

郑多雄：木料现在确实很难选，一般都是用杉木，杉木被雨淋一下没有事，其他的木头可能外面壳看着是好的，但是里面的芯都烂掉了，杉木是从外面的皮开始烂的。

比如这边是南边，那边是北边，南边天天太阳出来都是要晒的，木头就比较老，阴的地方木头长大之后很嫩。老的木头就放在边上，嫩一些的木头放在中间。还有一个要注意的地方，桥面上的木材可以刨过，但是桥下的木头需要保留保护皮。就好像人的皮肤一样，如果刮破了，碰到了盐巴就会痛。河里是有水的，早上还会有雾，如果河里的水涨上来碰到了保护皮，水就不会被木头吸进去，这样寿命可以更长。所以，桥拱下面的木头保护皮都是要保留的，不做处理。

问：如果在施工的时候找不到合适的杉木，那有没有可以替代的木材？

郑多雄：现在一般都是这样，你是木材的老板，我是木工，我需要多少料就报给你或者是承包给业主，将军柱要多少、三节苗要多少、口径多大、达到什么样的要求、什么时候拉到这里，把这些报给他们，然后让他们去找，一般都是以本地取材为主。

合适的木头现在也很难找，长木头的地方都是很高、很险的地方，没有公路，还有很多小路要走，十来米长的木头砍下来没办法运，机器一次只能运一两条。桥上面要用的还好一点儿，桥下拱架要用的木头太大，拉不进施工现场，只能搭个棚在外面做，做好了再拉进来。

现在本地的木头也很少，这么大的木头找不到的话，就要找造桥的老板了，告诉他这个木头这么小，做上去我们施工的人觉得不满意，他得再去找。如果是好一点儿的老板，会让你先停掉，他再去想办法，带你一起出去看哪里有，一座一座山爬上去看。如果是只想赚钱的老板，那就让用小的做上去，今天不管明天的事。比如一个桥要做一百万，有的老板想留二十万到自己的口袋里,那桥就做不好;有的老板是自己会再添钱,一百万不够我就再加,我亏一点儿没事,我自己想办法,桥一定要做好,这样我们木工就好做一点儿。

问:浙南和闽北的廊桥有没有什么区别?

郑多雄:其实,每个人做的都是有区别的,因为每个人学的都不完全一样,工具和个人做法都有区别。就像你们读书人,不同学校毕业的学的都不一样。

比如有的用电脑做设计,但是木头是没有一模一样的两根的,人也一样的,没有两个一模一样的人。如果用电脑设计出来,木头实际是没有这么直的,会弯曲下来,那木头中间就会空掉,空掉之后木头之间就没有力气撑住了。像我做的,每根木头都会紧紧压在一起,这样才能继续做上面。有的做上去空掉了,就需要后期修补,如果用铁钉去钉,铁钉过个三五年就会腐烂掉,毛竹钉是不会烂的,如果钉子烂掉了没有换上去,就没有作用了。

再比如,有些桥头的将军柱会一直通到廊屋的屋顶,但我们会做两节柱子。有的人会做一节柱子,这样榫头可能吃不住这么大的力,老桥有的拆掉之后发现,这里的榫头容易破损。所以,我们现在改成做两节柱,如果桥面坏掉了也可以修。

问:整个桥的施工过程中哪一步是最关键的?

郑多雄:最关键的就是大牛头、三节苗、五节苗这个部分,要算得好,靠在一起要紧、要密,不能空掉。如果算不好空掉了,三节苗和平梁不能均匀承受压力,互相之间就没有帮助了。就好像本来一百斤是你要挑的,我帮你挑了五十斤,你就要轻松一些,一个人去挑可能会吃不消,所以一定要靠得紧。我到很多地方去参观,很多桥这几个部分都会空掉三五厘米。很多师傅倒是都会注意这一点，关键是做不做得好，主要是很难做到，因为木头大了会穿不过去，木头小了就会空掉。

问：目前您看过的一些比较老的廊桥中，有没有哪座你觉得做得比较好的？

郑多雄：老的桥都是用以前土办法做的，都不太能让我满意。因为老桥下面都是用木头搭架做起来的，如果木头搭不好边上歪了两厘米，都没有办法调整，现在用钢管架起来就可以调整。以前没有钢架，一直都是有这么大的水流在冲着，也没有办法停，现在水可以暂时截流，让它停掉，然后再搭架子就比较容易。

有一些我祖宗造的桥，现在全部让别人去修，叫有公司的人去修，本来应该我们去修理的。以前做得那么好，也有错的地方，什么原因会错掉，他们拆的时候我们也经常跑过去看，损坏的原因在哪里，这样我们就更能学到技术。

原来的桥都是平的，有拱的弯下来斜的桥很少，现在的人就喜欢这样陡地做下来。桥太拱了也不行，木头和牛头要刚刚好靠起来，但是在适当的角度内，平桥和拱桥都是稳固的。

问：在您从事廊桥工作的这十几年当中，有没有什么比较难忘的事情？

郑多雄：现在做廊桥其实赚不到钱，而且每天都是高空作业，如果哪里做得不对了，我们自己的名气也会受到影响，以后就没人找你做了。每条桥都要做得结结实实，老百姓走起来感觉这个桥做得很好，就好像你们读书人写字写得很好看一样。

桥哪里坏掉了也不是故意要做坏的，有的时候可能确实是算错了，我大哥不做了，我自己独立去做的时候，也有算错过，导致大牛头这里穿不过去，整天就会在思考哪里错了。做得对了，晚上也能睡得安稳一点。哪里错了一点点儿，晚上回去就会发愁，这么大的木头做错了，再到哪里去找这样的材料，我们心里也会觉得很难。心里承受的压力还是很大的，嘴巴说起来很容易，要实践起来还是很难的。有的人会说这个哪里难，但这不是做模型这么简单，这是这么大的桥啊。小桥要换掉一个木头，再找材料很容易，这么大的桥，要换就很难了。算好的是109根木头，一起运回来了，如果少了一根，就要单独再找车去运过来，这些都是做廊桥的难处。

问：现在新修的廊桥是文化上的要求多，还是交通上的要求比较多？

郑多雄：文化上的要求更多，交通上的要求很少。现在生活好了，晚上桥上亮起灯来，大家都来桥上玩，都来聊天。夏天桥上的风吹来也很凉快，都非常舒服，桥就相当于村里的一个集中活动场地。

问：您觉得廊桥想要传承，还有哪些工作要做？

郑多雄：现在愿意做这一行的年轻人太少了。有一个老师傅一直跟我做，他本来是木匠，跟我做了七八年，也可以独立去做主墨师傅了，现在也被评为市级传承人，但是他已经七十多岁了。我儿子本来在家里开小超市的，现在我也把他叫来一起做。现在年轻人也很难找来做这一行，老婆都不让他们出来做，因为一年只能赚一两万块钱。

好心人一定会有好报的，能做桥做路给人走是很难得的事情。如果以后真的没人做了，我也只能回家去了，但是只要有人愿意做廊桥，愿意跟我学做廊桥，我都一定会做下去，因为廊桥这门技艺还是需要我们继续传承下去的。

第三节　代表作品

1. 斜滩双拱廊桥：2016年1月动工，由郑多雄师傅承建和主墨；2017年6月主体完成，桥为三墩两拱，长106米，宽度为7.2米。其跨度、宽度、高度及样式均为福建省现有廊桥之最。

斜滩双拱廊桥

斜滩双拱廊桥修建过程（1）

斜滩双拱廊桥修建过程（2）

斜滩双拱廊桥修建过程（3）

2. 古田凤都归里桥

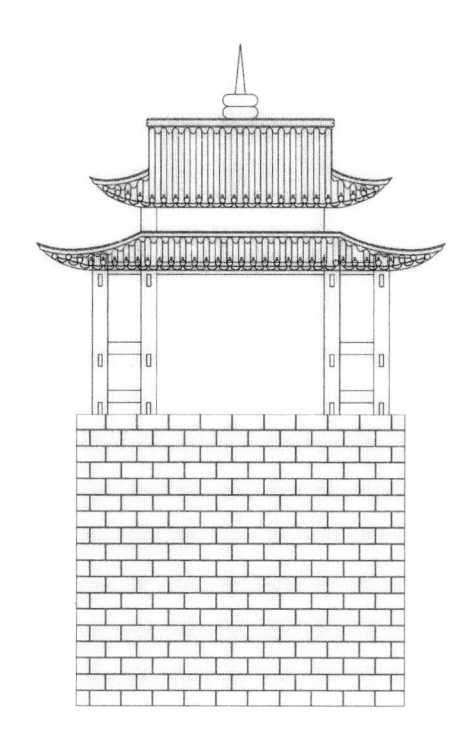

古田凤都归里桥初设方案侧视图

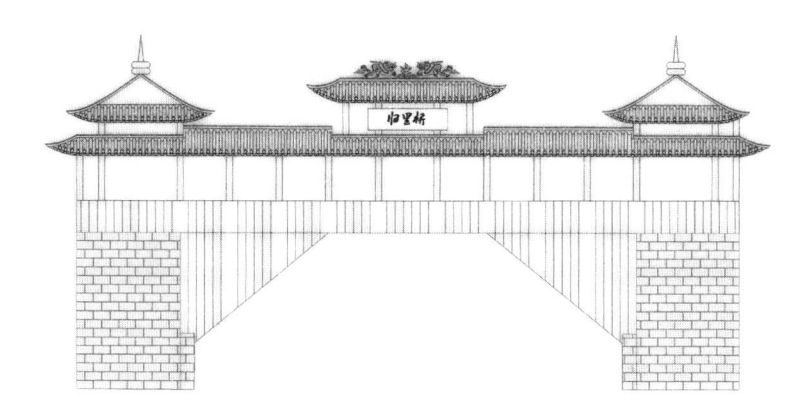

古田凤都归里桥初设方案正视图